危险货物运输车辆安全使用指南

公安部道路交通安全研究中心 编

人民交通出版社股份有限公司
China Communications Press Co.,Ltd.

内 容 提 要

本书介绍了危险货物运输车辆的类型、技术条件、安全使用要求，以及常见危险货物运输车型的构造、操作和紧急情况处置等知识，同时汇编了危险货物运输车辆典型事故案例、相关法规标准、欧美国家安全管理经验等内容。

本书可用于危险货物道路运输驾驶人、押运员等从业人员的学习和培训，也可作为公安、交通危险货物运输和管理部门人员的工具书使用。

图书在版编目 (CIP) 数据

危险货物运输车辆安全使用指南 / 公安部道路交通安全研究中心编 . -- 北京：人民交通出版社股份有限公司，2015.12

ISBN 978-7-114-12708-3

Ⅰ . ①危…　Ⅱ . ①公…　Ⅲ . ①危险货物运输 – 交通运输管理 – 指南　Ⅳ . ① U294.8-62

中国版本图书馆 CIP 数据核字（2015）第 300159 号

Weixian Huowu Yunshu Cheliang Anquan Shiyong Zhinan

书　　名：危险货物运输车辆安全使用指南
著 作 者：公安部道路交通安全研究中心
责任编辑：智景安
出版发行：人民交通出版社股份有限公司
地　　址：（100011）北京市朝阳区安定门外外馆斜街 3 号
网　　址：http://www.ccpress.com.cn
销售电话：（010）59757973
总 经 销：人民交通出版社股份有限公司发行部
经　　销：各地新华书店
印　　刷：中国电影出版社印刷厂
开　　本：720 × 960　1/16
印　　张：15.75
字　　数：210 千
版　　次：2015 年 12 月　第 1 版
印　　次：2016 年 11 月　第 2 次印刷
书　　号：ISBN 978-7-114-12708-3
定　　价：42.00 元
（有印刷、装订质量问题的图书由本公司负责调换）

编 写 组

组长：李晓东

成员：李　伟　刘雪梅　周文辉　舒　强

于宏啸　王新玲　王艺帆　李　健

赵光明　马明月　张亚南

前言

PREFACE

近年来，国内危险货物道路运输安全管理水平有了很大提高，但随着危险货物运输量的不断增加，涉及危险货物运输车辆的道路交通事故仍时有发生，造成了严重的人员伤亡、环境污染和财产损失，引起了党和政府的高度重视，以及社会各界的广泛关注。为提升危险货物运输工作的安全水平，使相关从业和监管人员系统快捷地掌握危险货物运输车辆和安全操作方面的知识，在公安部交通管理局的指导下，我们编写了《危险货物运输车辆安全使用指南》一书。

本书共七章，另有两个附录。第一章介绍危险货物类别、特性和常见运输车型。第二章介绍危险货物运输车辆的通用安全技术要求。第三章介绍危险货物运输罐车的罐体构造及安全技术要求。第四章介绍公安、交通、质检等部门对危险货物运输车辆的安全监督管理制度及要求。第五章介绍危险货物运输中托运、承运、装卸、行车、紧急情况处置等环节的安全操作要求。第六章介绍轻质燃油运输罐车、长管拖车、低温罐车、液化罐车以及运输爆炸物品厢式车5种典型危险货物运输车辆的构造、安全使用和紧急情况处置知识。第七章介绍10起典型危险货物运输车辆事故案例，每起案例包含事故概况、原因、暴露出来的问题、相关人员责任追究等内容。附录一整理了危险货物运输车辆及其使用涉及的法律法规、部门规章、规范性文件和技术标准。附录二从不同侧面简要介绍了国外危险货物运输管理经验及做法，包括欧盟公路危险货物运输安全管理规则，北美地区危险货物运输应急救援等方面内容。

本书基本囊括了危险货物运输车辆安全使用各环节的管理规定和相关知识，不仅可用于危险货物道路运输驾驶人、押运员、安全员、装卸工作人员等相关从业人员的学习和培训，也可作为公安机关交通管理部门车辆管理查验民警、路面执法民警和事故处理民警、交通运输部门安全监管人员、机动车安全技术检验机构从业人员、应急救援和消防人员的日常工具书使用。

本书在编写过程中，得到中国机动车辆安全鉴定检测中心、公安部交通管理科学研究所、交通运输部公路科学研究院、人民交通出版社、扬州中集通华专用车有限公司、铁岭路平专用汽车有限责任公司、石家庄安瑞科气体机械有限公司、张家港中集圣达因低温装备有限公司、宁波金洋化工物流有限公司，以及河北、山东、浙江、四川等地公安机关交通管理部门等单位和专家的大力支持及帮助。在此，一并表示感谢！

参加本书撰写的人员有：公安部交通管理局公路巡警指导处李伟处长、车辆和驾驶人管理处刘雪梅处长，公安部道路交通安全研究中心机动车辆安全研究室舒强、周文辉、于宏啸、王艺帆、李健、赵光明、马明月、张亚南，中国机动车辆安全鉴定检测中心王新玲。由于编者水平所限，编写时间较短，书中难免存在疏漏甚至错误之处，敬请读者批评指正，以便今后补充完善。

公安部道路交通安全研究中心

2015年11月

目录

CONTENTS

第一章

危险货物类别及道路运输车型

危险货物，也称危险物品或危险品，是指具有爆炸、易燃、毒害、感染、腐蚀、放射性等危险特性，在运输、储存、生产、经营、使用和处置中，容易造成人身伤亡、财产损毁或环境污染而需要特别防护的物质和物品。道路运输活动中涉及的危险货物种类繁多，常见的已经多达几千种，随着我国经济和社会的发展，还有许多新危险产品不断出现。不同类别或项别的危险货物危险性差异很大，道路运输时需要配置与危险货物相适应的安全设备和防护装置，选用符合安全技术条件的车辆类型。本章在说明危险货物类别及特性的基础上，主要介绍常见危险货物运输车型和限制使用车型。

第一节　危险货物类别及特性

危险货物品类繁多，国家安监总局、公安部等10部委公布的《危险化学品目录》（2015版）统计，目前国内已确认的危险化学品就有2828种，其中剧毒化学品有140多种。国家标准《危险货物分类和品名编号》（GB 6944—2012）、《危险货物品名表》（GB 12668—2012）按危险性或主要危险性将危险货物分为9大类别。各类别危险货物的特性、主要危害以及道路运输活动常见的货物介质如下：

小知识

《危险货物分类和品名编号》（GB 6944—2012）规定了危险货物分类、危险性以及危险货物编号；《危险货物品名表》（GB 12668—2012）列明了危险货物中英文名称、项别或类别、包装要求；《危险化学品目录》列明了目前国内已经确认的危险化学品和剧毒化学品品名、别名；《民用爆炸物品品名表》列明了常见民用爆炸物品的中英文名称、属性等。由于危险货物种类多，涉及多个部门管理且管理依据不尽相同，还可依据有关法律、行政法规或者有关部门公布的结果，判定货物是否为危险货物。

（1）爆炸品：爆炸品主要指在外界作用下能发生剧烈的化学反应，瞬时产生大量的气体和热量，使周围压力急剧上升，发生爆炸，对周围环境造成破坏的物质；也包括无整体爆炸危险，但具有燃烧、抛射及较小爆炸危险，或者仅产生热、光、音响或烟雾等一种或几种作用的烟火物品。常见的有火药、炸药、起爆器等。

（2）气体：气体有易燃、有毒、非易燃无毒气体，形态包括压缩气体、液化气体、溶解气体和冷冻液化气体、一种或多种气体与一种或多种其他类别物质的蒸汽混合物、充有气体物品和气雾剂。常见的易燃气体有天然气、石油气，有毒气体有一氧化碳、氯气、氨气，非易燃无毒气体有氮气、氧气、二氧化碳等。

（3）易燃液体：易燃液体主要是指易燃的液体或液体混合物，或是在溶液或悬浮液中有固体的液体，其闭杯试验闪点不超过 60℃，或开杯试验闪点不超过 60℃。常见的有汽油、柴油、甲醇、乙醛等。

（4）易燃固体、易于自燃的物质、遇水放出易燃气体的物质：易燃固体是指易于燃烧的固体或摩擦可能起火的固体，常见的有红磷及磷的硫化物、硫黄等；易于自燃的物质包括发火物质和自燃物质，常见的有白磷、黄磷以及油浸的麻、棉、纸及其制物；遇水放出易燃气体的物质是指遇水放出易燃气体，且该易燃气体与空气混合能够形成爆炸性混合物的物质，常见的有电石（碳化钙）。

（5）氧化性物质和有机过氧化物：氧化性物质本身不燃烧，因放出氧气可能引起或促使其他物质燃烧，如与松散粉末状可燃物组成爆炸性混合物，常见的有高锰酸钾、硝酸铵等；有机过氧化物是指含有两个过氧基结构的有机物质，本身易燃、易爆或极易分解，对热、振动、摩擦极为敏感，常见的有过氧化甲乙酮等。

（6）毒性物质和感染性物质：毒性物质是指经吸食、吞服或遇皮肤接触后可能造成死亡或严重受伤或损害人类健康的物质，常见的有氰化物、砷化物等；感染性物质是指已知或有理由认为含有病原体的物质，其危险性在于其毒素能使人或动物产生病态，甚至死亡。

（7）放射性物质：放射性物质是指含有放射性核素且其活度浓度和放射性活度都超过 GB 11806 规定限制（7.4 × 104Bq/kg）的物质。

（8）腐蚀性物质：腐蚀性物质是指通过化学作用使生物组织接触时造成严重损伤，或在泄漏时严重损坏甚至损毁其他货物或运输工具的物质。常见的有硫酸、盐酸等。

（9）杂项危险物质和物品，包括危害环境物质：如以微细粉尘吸入可危害健康的物质、会放出易燃气体物质、一旦发生火灾会放出二噁英等物质，其他常见的还有锂电池组、救生设备等物品或物质。

第二节　常见危险货物运输车型

危险货物运输车辆是指专门用于运输符合《危险货物品名表》(GB 12268—2012) 等相关标准规定的危险货物的货车。车辆类型包括整体式货车、半挂牵引车及半挂车，常见车辆结构有罐式、厢式、集装箱式及集装管束式等。根据《道路危险货物运输管理规定》(交通运输部令 2013 年第 2 号)、《汽车运输危险货物规则》(JT 617—2004)、《汽车运输、装卸危险货物作业规程》(JT 618—2004)、《道路运输爆炸品和剧毒化学品车辆安全技术条件》(GB 20300—2006) 等的规定，常见危险货物对应的运输车型和相关要求如下：

1 厢式车辆

道路运输爆炸品、固体剧毒品、遇水放出易燃气体的物质、感染性物质和有机过氧化物必须使用厢式车辆（图 1-1）。

图 1—1　运输爆炸品的厢式车辆

2 罐式车辆

道路运输液化气体、易燃液体、剧毒液体要使用整体式罐车（图 1–2）、罐式半挂车（图 1–3、图 1–4）或罐式集装箱车辆（图 1–5）。

图 1–2　运输易燃液体的整体式罐车

图 1–3　运输易燃液体的罐式半挂车

图 1-4　运输液化气体的罐式半挂车

图 1-5　运输剧毒液体的罐式集装箱半挂车

3　半挂牵引车

牵引危险货物半挂车要使用专用半挂牵引车（图 1-6）。危险货物运输半挂牵引车本身不具备承载危险货物的条件，但作为专用牵引危险货物半挂车的车辆，也要满足危险货物专用运输车辆法规和标准要求。

图 1–6　危险货物运输半挂牵引车

4 运送剧毒化学品、爆炸品、强腐蚀性危险货物车辆规格要求

运送爆炸品、强腐蚀性危险货物罐式货车的罐体容积不能超过 20m^3；运输剧毒化学品罐式货车的罐体容积不能超过 10m^3（罐式集装箱车辆除外）；运输剧毒化学品、爆炸品、强腐蚀性危险货物非罐式货车核定载质量不能超过 10t（罐式集装箱车辆除外）。

安全提示

厢式、罐式以及罐式集装箱等车型的货箱密封性能要好，运输过程中能有效预防危险货物抛洒、泄漏。因此，对于法规未明确限定道路运输危险货物车型的，国家鼓励使用厢式、罐式以及罐式集装箱车辆。

除上述法规明确要求应用的车型外，近年来国内运输天然气、氮气、氧气等危险货物多使用专门运输高压气体的长管拖车（图 1–7）。

图 1-7　高压气体长管拖车

表 1-1 ~ 表 1-9 直观展现和汇总了常见 9 类危险货物危险性及对应的运输车型。需要注意的是，对于未注明适用车辆类型的，国家法规鼓励使用罐式或厢式危险货物运输车辆。

爆炸品危险性及运输车型　　表 1-1

常见危险货物	项别和危险性	车辆识别标志牌	适用车辆类型
黑火药、雷管、三硝基甲苯（TNT）、三硝基苯、硝酸铵、硝化甘油	有整体爆炸危险	爆炸品 1	罐式、厢式车辆或配备压力容器等专用容器的车辆*
地面照明弹、爆炸式声测装置	有喷射危险，但无整体爆炸危险		
硝化纤维素、二亚硝基苯、液态推进剂	有燃烧并局部爆炸、局部喷射危险或这两种危险，但无整体爆炸危险		
爆炸式铆钉、遇险求救信号器	不呈现重大危险	1.4 爆炸品 1	
B 型爆破炸药、E 型爆破炸药	有整体爆炸危险，但非常不敏感	1.5 爆炸品 1	
极端不敏感爆炸性物品	无整体爆炸危险，极端不敏感	1.6 爆炸品 1	

*：爆炸品罐车罐体容积不得超过20m³，非罐式专用车辆核定载质量不得超过10t，符合国家标准的罐式集装箱除外。

气体危险性及运输车型 表 1-2

常见危险货物	项别和危险性	车辆识别标志牌	适用车辆类型
甲烷、乙烷、丙烷、压缩天然气、液化天然气	易燃	爆炸品 2	运输液化气体时，使用罐车、罐式半挂车或罐式集装箱*
二氧化碳、氮气、氧气、氩气	非易燃、无毒	不燃气体 2	
一氧化碳、硫化氢、氨气、氯气、氰、氯化氰、压缩煤气	有毒性	有毒气体 2	

*：对于运输瓶装气体的车辆，应保证车厢内空气流通。

易燃液体危险性及运输车型 表 1-3

常见危险货物	项别和危险性	车辆识别标志牌	适用车辆类型
乙醇、汽油、柴油、煤油、甲醇、甲醛	易燃	易燃液体 3	罐车、罐式半挂车或罐式集装箱

易燃固体危险性及运输车型 表 1-4

常见危险货物	项别和危险性	车辆识别标志牌	适用车辆类型
碎稻草、铝粉、火柴、硫、聚乙醛、三硫化二磷、三硫化四磷	易燃、摩擦可能起火	易燃固体 4	
碳、活性炭、硫化钾、白磷、黄磷	易于自燃	自燃物品 4	
乙基二氯硅烷、碳化铝、磷化钾、磷化铝、钠、钾、锂、镁粉	遇水放出易燃气体	遇湿易燃物品 4	厢式货车

氧化性物质和有机过氧化物危险性及运输车型 表 1-5

常见危险货物	项别和危险性	车辆识别标志牌	适用车辆类型
高锰酸钙、硝酸钙、硝酸铝、硝酸钠、过氧化钠	易反应、分解并放出氧和热量，引起或促使其他物质燃烧	氧化剂 5.1	厢式货车
过甲酸、过氧化二异丙苯、环己酮、过苯甲酸	易分解、放出热量，易引起自燃或爆炸	有机过氧化物 5.2	

毒性物质和感染性物质危险性及运输车型　　表 1-6

常见危险货物	项别和危险性	车辆识别标志牌	适用车辆类型
氰化钠、氰化钾、四乙基铅、硝酸汞、碘化汞	经吞食、吸入或皮肤接触后，可能造成死亡或严重受伤	剧毒品 6；有毒品 6；有害品（远离食品）6	固体使用厢式货车；液体使用罐车、罐式半挂车或罐式集装箱*
医院废弃物、感染性物质	含有能使人或动物感染得病的微生物或毒素	感染性物品 6	厢式货车

*：运输剧毒化学品的非罐式专用车辆，核定载质量不得超过10t，符合国家标准的集装箱运输专用车辆除外。

放射性物质危险性及运输车型　　表 1-7

常见危险货物	项别和危险性	车辆识别标志牌	适用车辆类型
镭 226、钠 22、六氟化铀、硝酸铀	发出射线致人死亡、严重受伤或基因突变等	一级放射性物品 I 7；二级放射性物品 II 7；三级放射性物品 III 7	

腐蚀性物质危险性及运输车型　　表 1-8

常见危险货物	项别和危险性	车辆识别标志牌	适用车辆类型
硝酸、硫酸、盐酸、亚硝酸、乙醇胺、清洗剂	接触后，短时间内灼伤人体、对金属等物品造成损坏	腐蚀品 8	*

*：《道路危险货物运输管理规定》中规定，运输强腐蚀性危险货物的罐车罐体容积不得超过 $20m^3$，非罐式专用车辆的核定载质量不得超过 10t，符合国家标准的罐式集装箱除外。

杂项危险货物危险性及运输车型　　表 1-9

常见危险货物	项别和危险性	车辆识别标志牌	适用车辆类型
苯甲醛、白石棉、蓝石棉、鱼粉、燃料电池发动机	高温、易污染环境或有致癌性等	杂类 9	

第三节　危险货物运输限制使用车型

部分货车车型受限于货物装载形式、防护能力以及车辆安全性能，危险货物道路运输的安全隐患大，不适于运输危险货物。因此《道路危险货物运输管理规定》(交通运输部令 2013 年第 2 号)限制部分车型开展特定危险货物的道路运输，主要车型有：

1 禁止移动罐体从事危险货物运输

移动罐体是临时固定在车辆底盘上，或者搁放在栏板货车货箱里的常压罐体。在运输过程中，移动罐体存在容易脱落或罐体碰撞防护不足等安全隐患，发生事故的可能性较大，因此国家禁止移动罐体运输危险货物(罐式集装箱除外)。

2 禁止货车列车装运危险货物

货车列车是指货车和牵引杆挂车(图 1–8)或中置轴挂车的组合。在行驶过程中，货车列车的挂车颠簸摆动很大，载运货物容易抛洒泄漏，且挂车与牵引车的连接部位容易产生火花，引发火灾事故，因此禁止货车列车运输危险货物。但铰接列车(半挂汽车列车)、具有特殊装置的大型物件运输专用车辆可以运输危险货物。

图 1–8 牵引杆挂车（全挂车）

3 自卸式车辆一般不得装运危险货物

在运输过程中，自卸式车辆的自卸装置有可能因误操作引发事故，一般不得装运危险货物。为了便于装卸和生产作业需要，目前只允许自卸式车辆（图 1–9）运输散装硫黄、萘饼、粗蒽、煤焦、沥青等危险货物。

图 1–9　自卸货车

4 车辆技术状况达不到要求的车辆不得从事危险货物运输

报废的、擅自改装的、检测不合格的、车辆技术等级达不到一级和其他不符合国家规定的车辆也不能从事道路危险货物运输。

另外，国家也明确禁止客车、客货两用车夹带、运输危险货物。客车、客货两用车不是危险货物运输专用车辆，缺少必要的安全防护装置，运输过程中危险货物易发生泄漏、着火、爆炸或与乘员直接接触的概率大，容易引发人身伤亡事故。

第二章

危险货物运输车辆安全技术要求

危险货物道路运输交通安全隐患大，发生交通事故后容易造成重大人员伤亡或环境污染，为此，国家专门制定了危险货物运输车辆系列技术标准，从外观特征、制动效能、轮胎技术要求、车速控制、消防配置、碰撞防护安全性能等方面对危险货物运输车辆提出了更高要求，以期能够最大限度减少事故发生的概率，降低事故危害性。本章主要介绍危险货物运输车辆安全技术方面的通用要求，涉及车辆上装部分的罐体安全技术要求，将在第三章介绍，针对部分常见危险货物运输车辆的特殊技术要求，将在第六章介绍。

第一节　危险货物运输车辆外观特征要求

危险货物运输车辆除应当按照《机动车运行安全技术条件》（GB 7258—2012）的要求贴车身反光标识、悬挂尾部标志板、喷涂核载总质量和车辆放大号牌外，还应当按照《道路运输危险货物车辆标志》（GB 13392—2005）和《道路运输爆炸品和剧毒化学品车辆安全技术条件》（GB 20300—2006）的规定，安装标志灯、车辆标志牌，运输爆炸品和剧毒化学品的还要安装安全标示牌，罐车的罐体要粘贴反光带、喷涂罐体容积和运输介质等，方便其他交通参与者识别，也便于事故后开展针对性的施救。本节第一部分将介绍危险货物运输车辆标志灯、车辆标志牌、安全标示牌；第二部分介绍车身反光带；第三部分介绍罐体喷涂标注；第四部分以图示方式直观展示典型危险货物运输车辆外观标识式样、内容、安装或悬挂方式。

1 标志灯、车辆标志牌、安全标示牌

本部分主要介绍危险货物运输车辆标志灯、车辆标志牌、安全标示牌的结构、类型、规格和安装位置。

1）标志灯

标志灯安装于驾驶室外顶端中前部（从车辆侧面看）中间（从车辆正面看）位置，以磁吸或顶檐支撑、金属托架方式安装固定。标志灯灯体正面为等腰三角形状，正反面中间印有“危险”、侧面印有“!”字样，灯罩材料中有荧光物质或表面附着荧光膜，夜间发光可视距离超过 150m。按照车辆载质量和标志灯安装方式划分，标志灯有 A 型磁吸式、B 型顶檐支撑式、C 型金属托架式等 3 种类型（图 2-1）。危险货物运输车辆应根据核定载质量选取安装对应类型标志灯（表 2-1）。

a)A型磁吸式标志灯

b)B型顶檐支撑式标志灯

c)C型金属托架式标志灯

图 2–1　危险货物运输车辆标志灯类型

危险货物运输车辆标志灯规格、适用车辆和安装方式　　表 2–1

类型	安装方式	代号	适 用 车 辆
A 型	磁吸式	A	载质量 1t（含）以下，用于城市配送车辆
B 型	顶檐支撑式	B Ⅰ	载质量 2t（含）以下
		B Ⅱ	载质量 2 ~ 15t（含）
		B Ⅲ	载质量 15t 以上
C 型	金属托架式	C Ⅰ*	带导流罩，载质量 2t（含）以下
		C Ⅱ*	带导流罩，载质量 2 ~ 15t（含）
		C Ⅲ*	带导流罩，载质量 15t 以上

*：金属托架为可选件，按底平面与标志灯基准面的夹角分为3种：30°、45°、60°。

2）车辆标志牌

标志牌一般悬挂于车辆后厢板或罐体后面的几何中心部位附近，需要避开车辆放大号。运输爆炸、剧毒危险货物的车辆，应在车辆两侧面厢板几何中心部位附近的适当位置各增加一块悬挂标志牌。危险货物运输车辆标志牌多是菱形金属板，罐式车辆也可以使用反光材料在罐体上喷绘车辆标志牌。标志牌的颜色、内容要与所运载危险货物的类别、项别相对应（表 2–2），与标志灯同时使用。当一种危险货物具有多重危险性时，车辆标志牌的颜色和内容要与主要危险性的类、项相对应；多种危险货物混装时，车辆标志牌的颜色和内容要与主要危险货物的主要危险性的类别、项别相对应。

安全提示

标志灯、车辆标志牌是危险货物运输车辆区别于普通货车的重要标识，能起到警示和救援参照作用。如发生交通事故后，救援人员可根据车辆标志牌的提示，确定危险货物的类别和危险特性，及时正确地制订抢险方案，将事故危害降到最低。因此在危险货物运输车辆使用过程中要确保车辆外观标识清晰完整。

不同品类危险货物运输车辆标志牌　　表 2-2

编号	1	2	3	4	5	6
名称	爆炸品	爆炸品	爆炸品	易燃气体	不燃气体	有毒气体
标志牌	爆炸品 1	1.4 爆炸品 1	1.5 爆炸品 1	易燃气体 2	不燃气体 2	有毒气体 2
编号	7	8	9	10	11	12
名称	易燃液体	易燃固体	自燃物品	遇湿易燃物品	氧化剂	有机过氧化物
标志牌	易燃液体 3	易燃固体 4	自燃物品 4	遇湿易燃物品 4	氧化剂 5.1	有机过氧化物 5.2
编号	13	14	15	16	17	18
名称	剧毒品	有毒品	有害品（远离食品）	感染性物品	腐蚀品	杂类
标志牌	剧毒品 6	有毒品 6	有害品（远离食品）6	感染性物品 6	腐蚀品 8	杂类 9

3）安全标示牌

运输爆炸品和剧毒化学品的车辆后部要安装安全标示牌。安全标示牌式样为白底黑字，要清晰完整地填写危险货物的品名和种类、罐体或厢体容积、核定载质量、施救方法及联系方式等信息（图 2-2 ～图 2-4）。

350mm（宽）×175mm（高）

品名		种类	
罐体容积		核载质量	
施救方法			
联系电话			

图 2-2　罐式爆炸品和剧毒化学品车辆安全标示牌（式样）

350mm（宽）×175mm（高）

品名		种类	
箱体容积		核载质量	
施救方法			
联系电话			

图 2-3　厢式爆炸品和剧毒化学品车辆安全标示牌（式样）

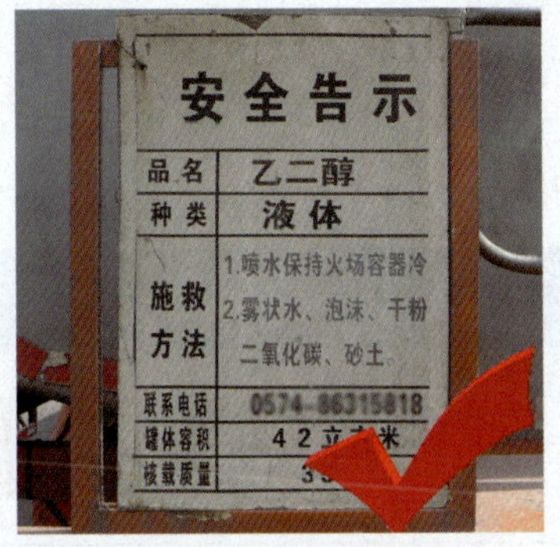

a)规范填写安全标示牌

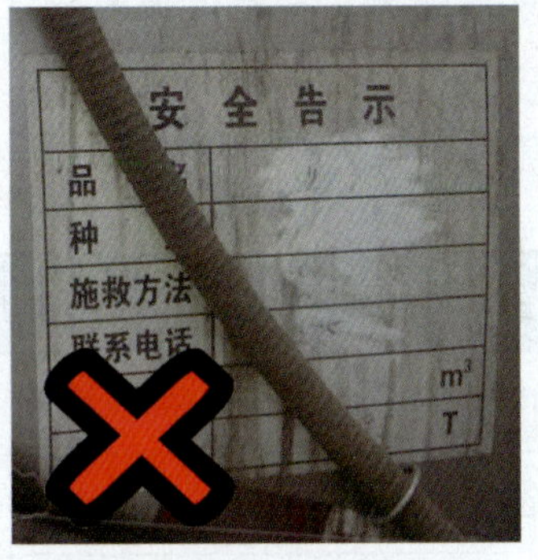

b)未按要求填写安全标示牌

图 2-4　应规范填写安全标示牌

安全提示

安全标示牌对危险货物运输车辆运行安全管理、事故救援有很大帮助，目前国内除运输爆炸品和剧毒化学品的车辆外，多数运输其他类危险货物的车辆也都安装了安全标示牌，以提高车辆的运行安全性能。在车辆使用过程中，驾驶人、押运员等相关从业人员要确保安全标示牌内容填写正确、完整、清晰、易辨识。

2 车身反光带（色带）

运送爆炸品和剧毒化学品车辆、所有罐式危险货物运输车辆都要粘贴（涂刷）车身反光带（色带）。其中，爆炸品和剧毒化学品运输车辆、常压危险货物罐车必须粘贴橙色反光带，运输易燃低温液体的罐车要涂刷大红色带，运输不易燃低温液体的罐车要涂刷淡酚蓝色带（表 2–3）。

安全提示

车身反光带是宽度为 150mm±20mm 的反光标识，粘贴在车身两侧和后部的中间位置，在夜间或光照条件差的道路环境中，经灯光照射能清晰标示车辆货箱或罐体轮廓，提醒其他车辆注意避让。

不同类型罐车的罐体车身反光带颜色　　表 2–3

危险货物类型	色带颜色	色带式样
剧毒和爆炸品	橙色	
常压危险品	橙色	
易燃低温液体	大红色	
不易燃低温液体	淡酚蓝色	

3 罐式车辆罐体喷涂标注

所有罐式危险货物运输车辆罐体上都要喷涂装运介质名称、罐体容积，运输低温液体的罐车罐体上还要喷涂下次检验日期等（表 2–4）。

不同类型罐车罐体喷涂标注　　表 2-4

<table>
<tr><th>喷涂内容</th><th colspan="2">危险货物类型</th><th>颜　色</th><th>位　置</th><th>文字高度</th></tr>
<tr><td rowspan="5">货物名称</td><td rowspan="4">常压
罐车</td><td>易燃、易爆类</td><td>红色</td><td rowspan="4">两侧后部
色带上方</td><td rowspan="4">≥ 200mm</td></tr>
<tr><td>有毒、剧毒类</td><td>黄色</td></tr>
<tr><td>腐蚀、强腐蚀类</td><td>黑色</td></tr>
<tr><td>其余类</td><td>蓝色</td></tr>
<tr><td colspan="2">低温液体</td><td>大红色</td><td>未规定</td><td>≥ 300mm</td></tr>
<tr><td>罐体容积</td><td colspan="2">所有危险货物</td><td>未规定</td><td>未规定</td><td>≥ 80mm</td></tr>
<tr><td>下次检验日期</td><td colspan="2">低温液体</td><td>黑色</td><td>未规定</td><td>≥ 100mm</td></tr>
</table>

4 典型危险货物运输车辆外观标识图例

运输不同品类危险货物车辆的外观标识不同，主要区别在于车辆标志牌内容、车身反光带颜色以及罐体喷涂文字颜色等。常见危险货物运输车辆外观标识式样如图 2-5 ～图 2-11 所示。

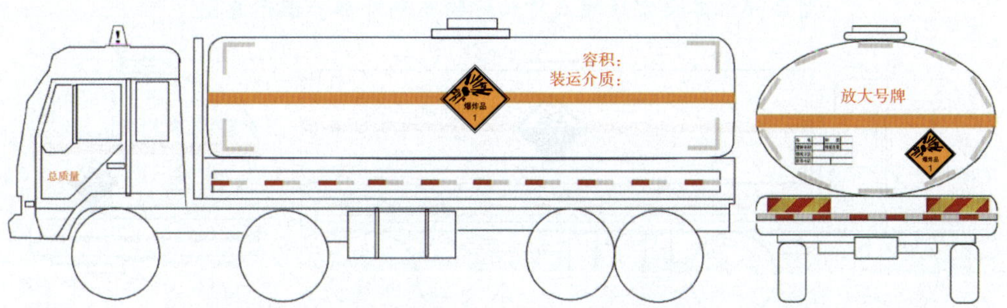

图 2-5　运送爆炸类货物罐式车辆外部标识示意图

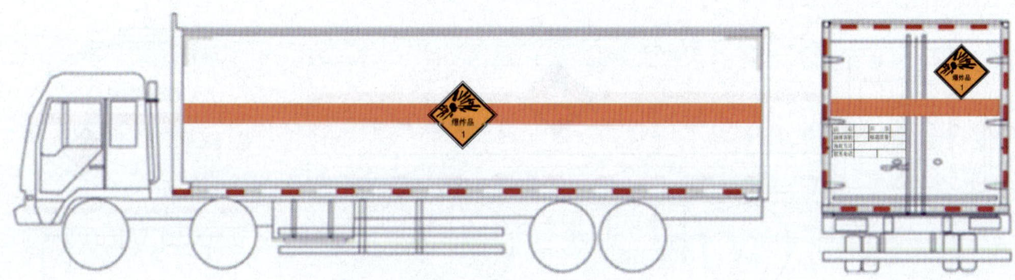

图 2-6　运送易爆类货物厢式车辆外部标识示意图

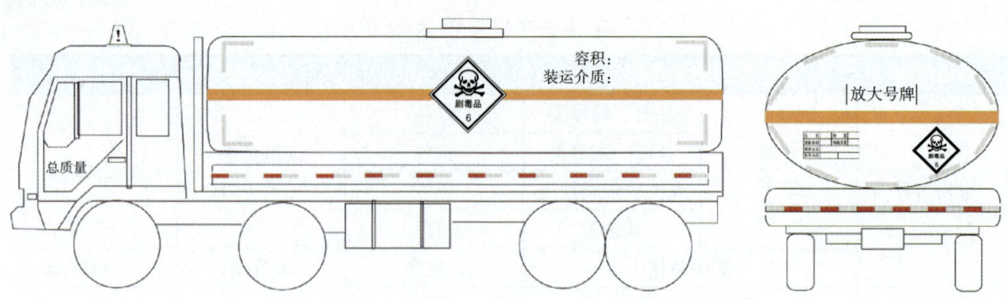

图 2-7　运送剧毒类货物罐式车辆外部标识示意图

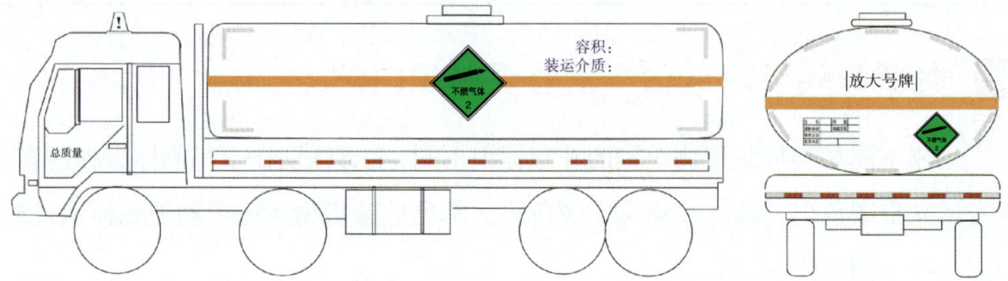

图 2-8　其余常压罐式货物运输车辆外部标识示意图

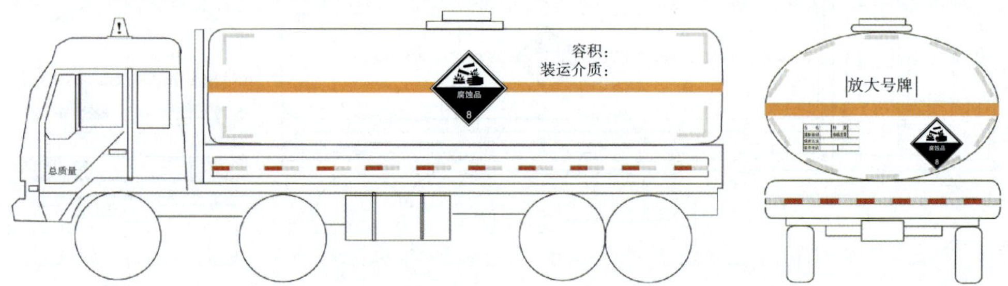

图 2-9　运送强腐蚀类货物罐式车辆外部标识示意图

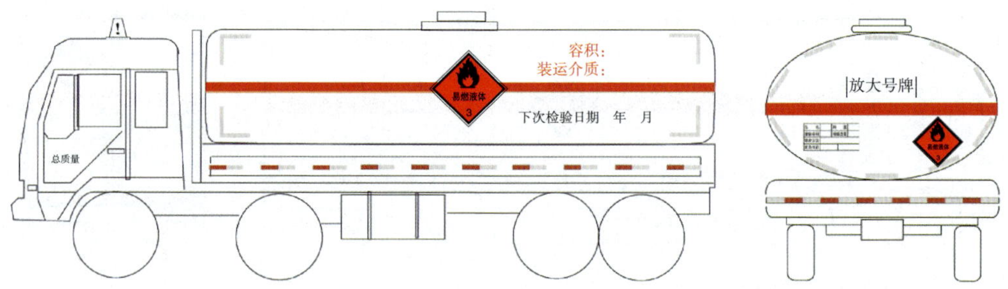

图 2-10　运送易燃低温液体罐式车辆外部标识示意图

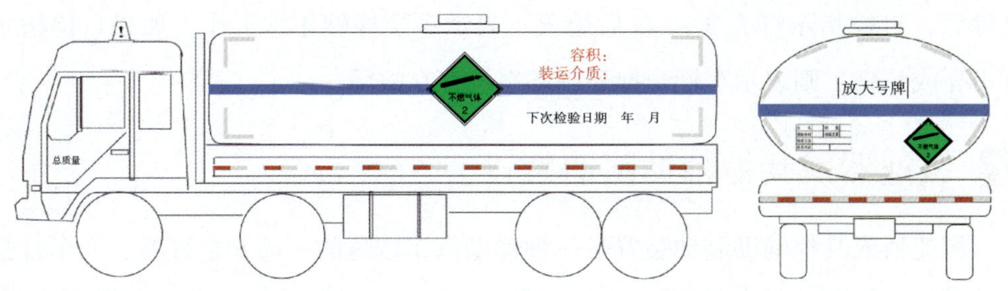

图 2-11　运送不易燃低温液体罐式车辆外部标识示意图

第二节　危险货物运输车辆行车安全装置要求

根据《机动车运行安全技术条件》(GB 7258—2012)要求，危险货物运输车要按规定安装防抱死制动装置、行驶记录仪，装备盘式制动器、缓速器或其他辅助制动装置，装用子午线轮胎，具有限速功能或配备限速装置等安全附件。

1 防抱死制动装置(ABS)

防抱死制动装置是一种提高车辆制动性能的主动安全装置。在车辆紧急制动时，能有效防止车轮抱死，提高车辆制动稳定性，最大限度地发挥制动器制动效能。《机动车运行安全技术条件》(GB 7258—2012)规定，所有运输爆炸品和剧毒化学品的车辆，以及2012年9月1日以后新生产的其他危险货物运输车都要安装防抱死制动装置。在车辆使用过程中，要确保防抱死制动装置能够正常工作。日常检查时可通过查看仪表盘上的自检指示灯(图 2-12)来判断，一般在接通

图 2-12　驾驶室内仪表盘"ABS"自检指示灯

电源后，自检指示灯亮 3 ~ 4s 后熄灭，表示系统能够正常工作，如果自检指示灯不亮或长亮，则表示车辆防抱死制动系统存在故障。

2 缓速器或其他辅助制动装置

缓速器或其他辅助制动装置是一种辅助汽车减速的主动安全装置。汽车行驶在长下坡或需要连续制动时，缓速器或其他辅助制动装置能帮助车辆平稳减速，避免因长时间制动造成制动器磨损和发热，维持制动器制动效能在较高的水平。《机动车运行安全技术条件》（GB 7258—2012）规定，2012 年 9 月 1 日以后新生产的危险货物运输车都要装备缓速器或其他辅助制动装置。一般在驾驶室内有缓速器或辅助制动装置的操纵开关或仪表盘指示灯（图 2-13 和图 2-14），用来控制或指示缓速器或辅助制动装置的工作状态。

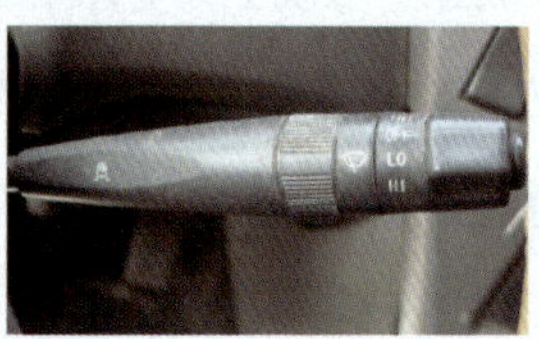

图 2-13 发动机排气辅助制动指示灯和操纵开关

下坡时注意事项

车辆下坡时应同时使用发动机排气制动器和行车制动器，防止发动机超速运转。

图 2-14 粘贴在仪表板上的发动机排气辅助制动操作说明

3 限速功能或限速装置

图 2-15 粘贴在驾驶室仪表板上的限速说明

《机动车运行安全技术条件》（GB 7258—2012）规定，2012 年 9 月 1 日以后生产的危险货物运输车要具有限速功能或限速装置，并且车辆设定的限制最高车速应为 80km/h。一般具有限速功能或限速装置的危险货物运输车，在驾驶室内都粘贴有车辆最高限速警示标识（图 2-15）。

第一章

危险货物类别及道路运输车型

危险货物，也称危险物品或危险品，是指具有爆炸、易燃、毒害、感染、腐蚀、放射性等危险特性，在运输、储存、生产、经营、使用和处置中，容易造成人身伤亡、财产损毁或环境污染而需要特别防护的物质和物品。道路运输活动中涉及的危险货物种类繁多，常见的已经多达几千种，随着我国经济和社会的发展，还有许多新危险产品不断出现。不同类别或项别的危险货物危险性差异很大，道路运输时需要配置与危险货物相适应的安全设备和防护装置，选用符合安全技术条件的车辆类型。本章在说明危险货物类别及特性的基础上，主要介绍常见危险货物运输车型和限制使用车型。

第一节　危险货物类别及特性

危险货物品类繁多，国家安监总局、公安部等10部委公布的《危险化学品目录》(2015版)统计，目前国内已确认的危险化学品就有2828种，其中剧毒化学品有140多种。国家标准《危险货物分类和品名编号》(GB 6944—2012)、《危险货物品名表》(GB 12668—2012)按危险性或主要危险性将危险货物分为9大类别。各类别危险货物的特性、主要危害以及道路运输活动常见的货物介质如下：

小知识

《危险货物分类和品名编号》(GB 6944—2012)规定了危险货物分类、危险性以及危险货物编号；《危险货物品名表》(GB 12668—2012)列明了危险货物中英文名称、项别或类别、包装要求；《危险化学品目录》列明了目前国内已经确认的危险化学品和剧毒化学品品名、别名；《民用爆炸物品品名表》列明了常见民用爆炸物品的中英文名称、属性等。由于危险货物种类多，涉及多个部门管理且管理依据不尽相同，还可依据有关法律、行政法规或者有关部门公布的结果，判定货物是否为危险货物。

(1)爆炸品：爆炸品主要指在外界作用下能发生剧烈的化学反应，瞬时产生大量的气体和热量，使周围压力急剧上升，发生爆炸，对周围环境造成破坏的物质；也包括无整体爆炸危险，但具有燃烧、抛射及较小爆炸危险，或者仅产生热、光、音响或烟雾等一种或几种作用的烟火物品。常见的有火药、炸药、起爆器等。

(2)气体：气体有易燃、有毒、非易燃无毒气体，形态包括压缩气体、液化气体、溶解气体和冷冻液化气体、一种或多种气体与一种或多种其他类别物质的蒸汽混合物、充有气体物品和气雾剂。常见的易燃气体有天然气、石油气，有

安全提示

危险货物运输企业购置危险货物运输车辆时，可通过核对车辆《公告》《整车出厂合格证明》、产品使用说明书等凭证和技术资料，确认车辆是否按要求安装了防抱死制动装置、缓速器或辅助制动装置、限速功能或限速装置等安全附件（图 2–16）。

公告编号	SV140730002363	车辆制造企业名称	中国第一汽车集团公司
中文品牌	解放牌	英文品牌	—
车辆型号	CA5310GYYP63K1L6T4E4	制造国	中国
发动机型号	—	识别代号序列	—
燃料种类	—	转向形式	—
排量/功率	— ml — kW	外廓尺寸	11900 mm(长) 2500 mm(宽) 3454,3400,3250 mm(高)
货箱内部尺寸	— mm(长) — mm(宽) — mm(高)	钢板弹簧片数	— 片
轴 数	— 个	轴 距	— mm
轮 距	— mm(前) — mm(后)	轮胎数	— 个
轮胎规格	—	总质量	31000 kg
整备质量	14640,14350 kg	额定载质量	16165,16230,16455,16520 kg
准牵引总质量	— kg	额定载客	— 人
驾驶室准乘人数	3,2 人(前) — 人(后)	公告批次	262
车身反光标识企业	艾利(中国)有限公司		
车身反光标识商标	AVERY	车身反光标识型号	V5720
环保达标情况	—		
选装底盘	底盘ID为2373018		
备注	随底盘选装平顶驾驶室，罐体外形尺寸(长×长轴×短轴:mm):9000×2450×1610,9000×2304×1440,罐体有效容积为24.24,24.5立方米，运输介质:汽油，密度:0.7吨/立方米，运载介质类项号为3，侧面防护装置的横杆材料为Q235，螺栓连接:后下部防护装置的横梁材料为16MnREL，螺栓连接，断面尺寸100×55mm，离地高度为540mm，额定载质量16165kg对应准乘3人，额定载质量16230kg对应准乘2人，前轴装配盘式制动器，装配限速装置，限速79km/h，ABS系统生产厂家1:浙江万安科技股份有限公司，型号:VIE ABS-Ⅱ，ABS系统生产厂家2:WABCO，型号:4460043200.安装具有卫星定位功能的行驶记录仪，仅选用底盘上的子午胎，油耗申报值与发动机对应关系:40.38(BF6M1013-24E4),41.44(BF6M1013-26E4),42.4(BF6M1013-28E4)		
车辆名称	运油车	是否免检	不免检
车辆类型	重型罐式货车	免检有效期止	—
车型公告编号	20120616000133	照片数	4
公告发布日期	2014-07-21	公告生效日期	2014-07-21
停止生产日期	—	停止销售日期	—

ABS生产厂家1：**********，型号：VIE ABS-Ⅱ，ABS生产厂家2：*******，型号：4460043200

图 2–16 《公告》签注的防抱死制动装置信息

4 盘式制动器

相比于普通货车装备的鼓式制动器，盘式制动器散热性能好，受热不易发生变形，因此在长时间强制动时耐高温性能好，可以有效提高车辆制动器抗热衰退性能，保证车辆制动效能稳定性。《机动车运行安全技术条件》（GB 7258—2012）规定，2012 年 9 月 1 日以后新生产的危险货物运输车前轮要装备盘式制动器。一般通过轮辋孔或站在地沟向车架内侧观察，都可以清楚看到前轮盘式制动器结构（图 2–17 和图 2–18）。

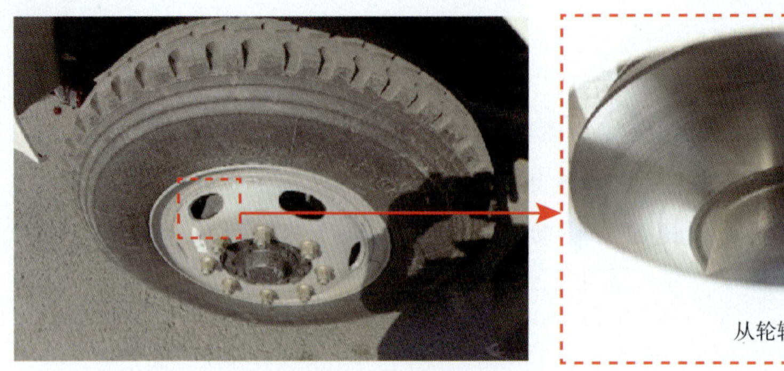

图 2-17　通过轮辋孔观察盘式制动器

图 2-18　站在地沟内观察盘式制动器

5 子午线轮胎

子午线轮胎俗称"钢丝帘线轮胎"，相比于目前普通货车普遍装用的斜交轮胎，子午线轮胎承载负荷能力大、路面附着性能好，在高速、高温环境中的行驶安全性能更高。《机动车运行安全技术条件》（GB 7258—2012）、《道路运输爆炸品和剧毒化学品车辆安全技术条件》（GB 20300—2006）等国家标准要求，运送爆炸品、剧毒化学品的货车和挂车，以及运送其他类危险货物的货车要强制装用子午线轮胎。在轮胎侧面标注的轮胎规格型号中有字母"R"的，代表该轮胎为子午线轮胎（图 2-19）。

图 2–19　轮胎规格型号中有字母"R"的为子午线轮胎

6 行驶记录仪

行驶记录仪用于记录、存储、显示、打印或输出车辆行驶速度、时间、里程等车辆行驶状态信息，这些信息有助于监管驾驶人安全驾驶行为、车辆事故调查等。《机动车运行安全技术条件》（GB 7258—2012）规定，危险货物运输车都要安装行驶记录仪或具有行驶记录功能的卫星定位装置。对于 2006 年 12 月 1 日以后出厂的车辆，行驶记录仪主机外表面的易见部位一般模压或印有"CCC"强制性认证标识（图 2–20）。在车辆使用过程中，驾驶人要确保行驶记录仪及其连接导线在车上固定可靠，能够正常显示、打印等工作（图 2–21）。

图 2–20　行驶记录仪实物图

a）装车后的行驶记录仪

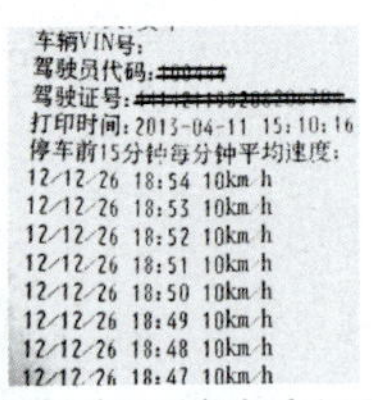

b）行驶记录仪打印记录

图 2–21　行驶记录仪的安装和使用

综上所述，危险货物运输车主要行车安全装置及其安装位置如图 2–22 所示。

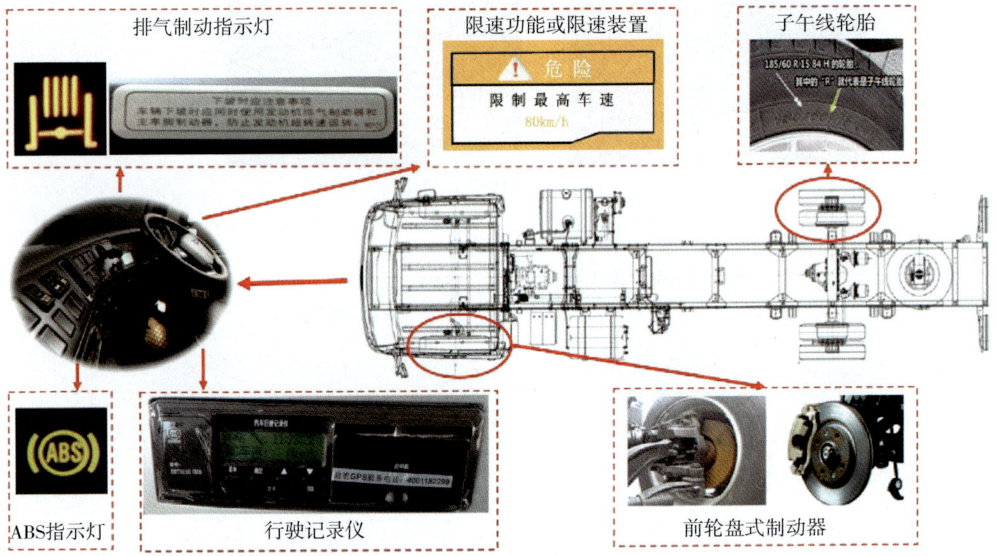

图 2–22　危险货物运输车主要行车安全装置及其安装位置

第三节　危险货物运输车辆其他安全技术要求

对车辆后下部防护装置、车身反光标识、轮胎等方面的要求是针对载货汽车（包括危险货物运输车）的通用要求，但与危险货物运输车运行安全也密切相关，本节将作简要介绍。

1 后下部防护装置

发生追尾碰撞事故时，符合标准的后下部防护装置对追尾车辆具有足够的抵挡能力，能够防止发生钻入事故，保护后车驾乘人员的安全。因此，《机动车运行安全技术条件》（GB 7258—2012）规定，总质量大于3500kg的载货汽车（半挂牵引车除外）和挂车（长货挂车除外）的后下部应装备符合规定的后下部防护装置。同时，为提高追尾碰撞事故中罐体及其管路和附件的安全防护能力，该标准还要求，罐体及其管路和附件与后下部防护装置的纵向距离应大于等于150mm（图2-23），装卸阀门设置在罐体后部的，罐体及其管路和附件的离地高度还不得低于后下部防护装置的离地高度（图2-24）。

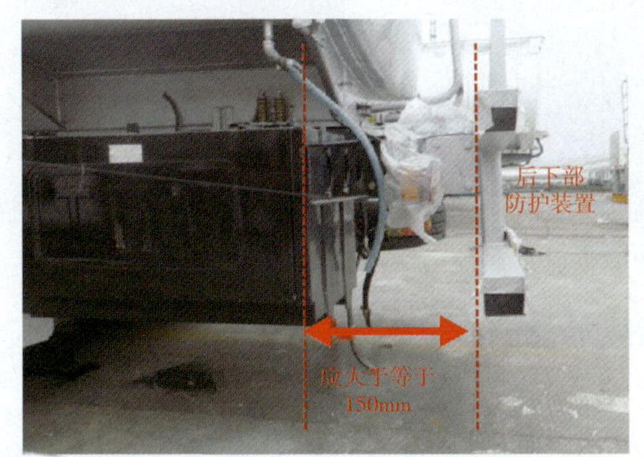

图2-23　罐体及罐体上的管路和管路附件与后下部防护装置的纵向距离要求

图2-24　罐体后部的装卸阀门、管道要高于后防护装置

2 轮胎

轮胎是最重要的行车安全装置之一，也是最容易出现安全隐患的车辆部件。《机动车运行安全技术条件》（GB 7258—2012）规定：同一轴的轮胎规格和花纹

要相同，且要符合整车制造厂规定；胎体不能有长度超过 25mm 划痕、深度能看到轮胎帘布层的缺损；转向轮不能使用翻新轮胎；转向轮胎冠花纹深度要大于等于 3.2mm，其他车轮胎冠花纹深度应大于等于 1.6mm 等。

安全提示

轮胎有严重破裂、脱层、割伤或局部磨损的（图 2–25），无法对轮胎气密层提供有效的保护，车辆在高速行驶时容易发生爆胎等危险事故。因此在车辆使用过程中，发现轮胎存在上述隐患的，要及时更换。

a)轮胎缺损

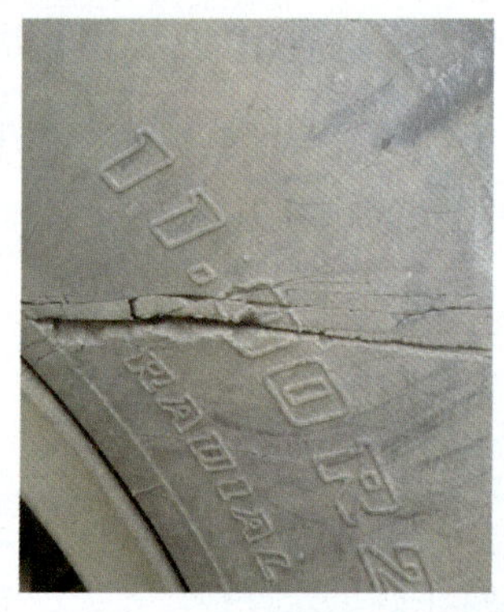

b)有严重划痕

c)质量不合格的翻新轮胎

图 2–25　几种常见的轮胎安全隐患

安全提示

轮胎胎冠花纹有严重磨损的，如出现“平板胎”，车辆在高速、转弯行驶或遇有湿滑路面行驶时，地面与轮胎无法形成足够的附着力，车轮容易打滑，造成车辆失控。因此在车辆使用过程中，要定期检查轮胎胎冠花纹深度，对于胎冠花纹已经磨损到胎面磨损标志的（图 2–26），或胎冠花纹深度不符合国家标准要求的（图 2–27），要及时更换轮胎。

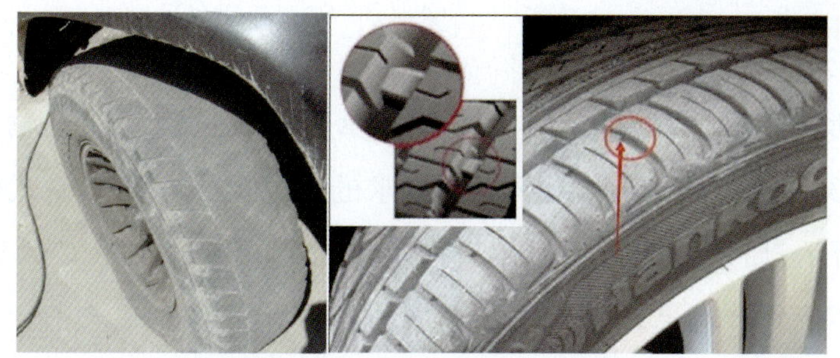

图 2-26　轮胎胎面花纹磨损标志

图 2-27　轮胎胎冠花纹深度

需要注意的是，对于危险货物运输车辆的非转向轮，国家没有禁止使用翻新轮胎。但车辆在装用翻新轮胎时，一定要使用质量合格的翻新轮胎。根据《载重汽车翻新轮胎》（GB 7037—2007）的要求，符合规定的翻新轮胎要有胎面磨损标志，胎面磨损标志的高度不小于 2mm；轮胎胎壁有轮胎规格、翻新厂商标、厂名或地名、“RETREAD”或“翻新”等字样，以及轮胎翻新次数、翻新批号或胎号等参数。

3 车身反光标识

除车身反光带、车辆标志牌、安全标示牌外，危险货物运输车辆也要按要求粘贴车身反光标识。符合国家标准要求的车身反光标识粘贴式样如图 2-28 和图 2-29 所示；质量等级可通过查看白色单元上的标识，如 CCC 认证标志（图 2-30）、工厂代码、制造商标识、材料等进行确认。

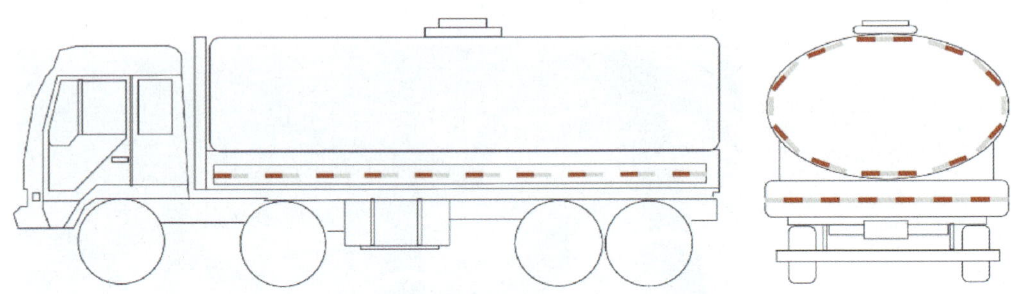

图 2-28 罐车车身反光标识粘贴式样

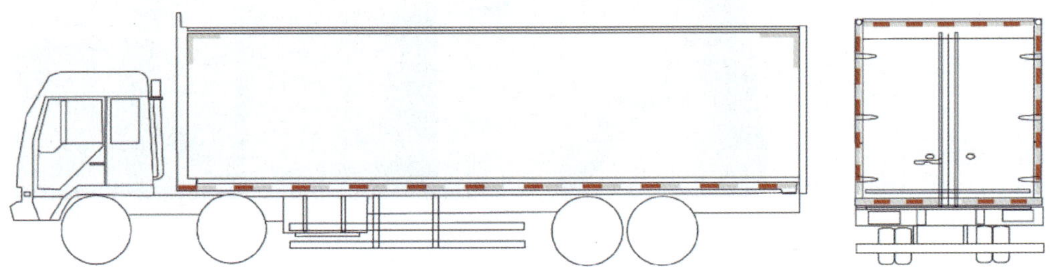

图 2-29 厢式车车身反光标识粘贴式样

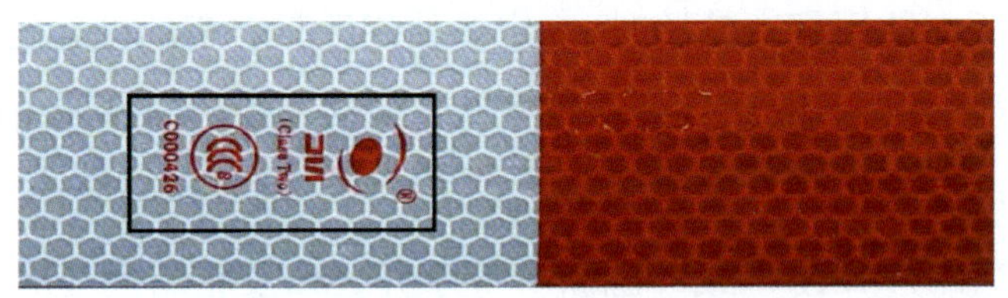

图 2-30 白色单元上的“CCC”认证等标志

安全提示

车身反光标识能够增加车辆在夜间的视认性（图 2–31），对避免追尾碰撞事故有很大帮助。因此，要按照国家标准要求粘贴车身反光标识，在车辆使用过程中保持车身反光标识完整、清晰无遮挡。

图 2–31 车身反光标识夜间视觉效果

另外，由于危险货物运输车辆运行的道路环境复杂，且频繁装卸货物，尾灯、雾灯、转向灯、制动灯等车辆灯光和信号装置容易损坏，尤其是车辆尾部的灯光和信号装置，应当及时检查修复。

第四节 易燃易爆危险货物运输车辆的特殊要求

易燃易爆危险货物要尽量远离火源和热源，因此《道路运输爆炸品和剧毒化学品车辆安全技术条件》（GB 20300—2006）规定，运输易燃易爆危险货物的车辆要具备防电火花、及时疏导摩擦静电、消除排气管尾气火星、隔绝货物受热的功能或安全装置。同时，为了能及时开展事故救援，减少事故发生后的损失，易燃易爆危险货物运输车辆还要装备电源总开关、配备与所运输危险货物危险特性相适用的消防器材。易燃易爆危险货物运输车辆特殊的安全要求简要介绍如下。

1 排气火花熄灭装置

易燃易爆危险货物运输车排气管要安装排气火花熄灭装置。排气火花熄灭装置用于消除排气管尾气中的残余火花，避免这些残余火花随尾气排出引燃或引爆危险货物。一般排气火花熄灭装置安装在排气管出口处（图 2-32），可通过目测检查；也有部分车辆安装在排气管内部，从车辆外观上无法直接看到，需要核对车辆《公告》《合格证》或《车辆使用说明书》等资料进行确认。

图 2-32 排气火花熄灭装置图例及安装位置

2 导静电橡胶拖地装置

危险货物运输车辆在装卸货物或行驶过程中会因货物摩擦产生静电，尤其是易燃液体电阻率一般较大，运输过程中在罐体内晃动，会与罐体内表面摩擦产生大量静电。这些静电聚集后放电将引起电火花，存在引燃运输货物的危险。导静电橡胶拖地装置（图 2–33）能够将这些摩擦产生的静电及时导入地面，避免因静电聚集放电引起货物燃烧或爆炸。

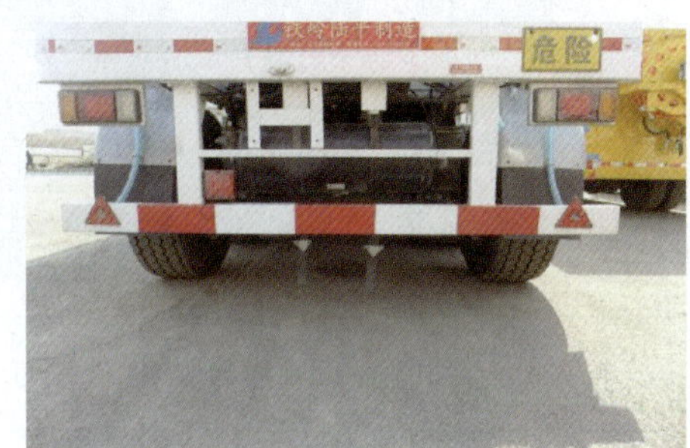

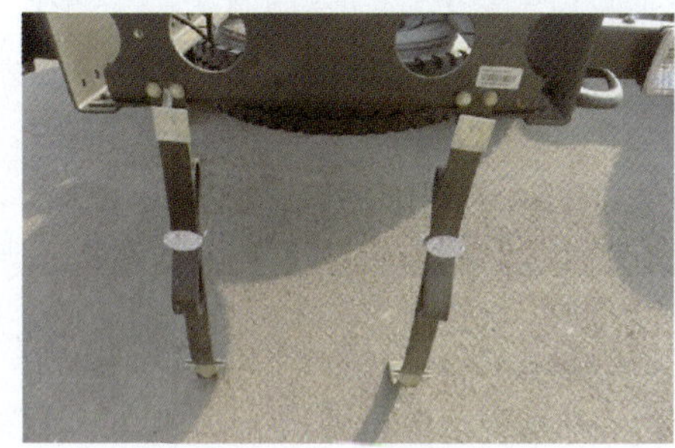

图 2–33 导静电橡胶接地装置

运输易燃易爆危险货物的车辆无论是在载货状态还是空车，驾驶人和押运员都要经常检查导静电橡胶拖地装置，确保其可靠接地。

3 电源总开关

电源总开关能快速切断整车电路。在发生交通事故后，及时关闭电源总开关，迅速切断整车电路，可以大大减少发生次生事故的概率，避免造成更大的人员伤亡和财产损失。一般易燃易爆危险货物运输车辆电源总开关布置在驾驶室仪表盘上，指示键标志是“○”（图 2–34）。

严禁在发动机运转时关闭电源总开关

注意：整车用电前按下电源总开关O (带自锁)

图 2–34　驾驶室仪表板电源总开关标识及操作说明

安全提示

驾驶人和押运员要了解电源总开关的位置、指示标示，熟练掌握电源总开关的使用方法，以便在遇到紧急情况时，能够及时正确地关闭电源总开关。

4 灭火器等消防器材

易燃易爆危险货物运输车辆必须配备灭火器等消防器材（图 2–35），其数量要与危险货物的种类和核载质量相匹配。消防器材一般要每年检修 1 次，在日常使用过程中还要做好例检例查，如出车前检查灭火器指示针是否指示在正常的压力区域，发现问题的要立即更换或修理，确保能够正常使用。

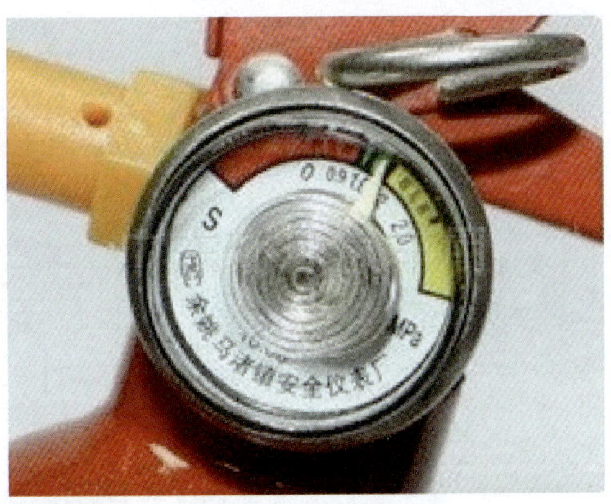

图 2-35 灭火器等消防安全设施

小知识

《道路运输爆炸品和剧毒化学品车辆安全技术条件》(GB 20300—2006) 爆炸品和剧毒化学品运输车辆，要在驾驶室内配备 1 个干粉灭火器，在车辆两边应配备与所装载介质性能相适应的灭火器各 1 个。

5 发动机排气管安装位置

汽车发动机排气管工作温度很高，高温、高热引起的热传导或热辐射有可能使一些易燃易爆物质燃烧，甚至爆炸。为使危险货物尽可能远离热源或热辐射，避免引发燃烧或爆炸事故，《机动车运行安全技术条件》(GB 7258—2012) 规定，易燃易爆危险货物运输车辆的排气管要安装在罐体或厢体前端面之前、不高于车辆纵梁上平面区域 (图 2-36)。

另外，运输爆破器材的车辆还要按照《爆破器材运输车安全技术条件》的规定，在车辆前后防护装置上加装缓冲物，车厢内安装火灾报警器、防盗报警器，货厢后部安装摄像头并在驾驶室安装监控装置。

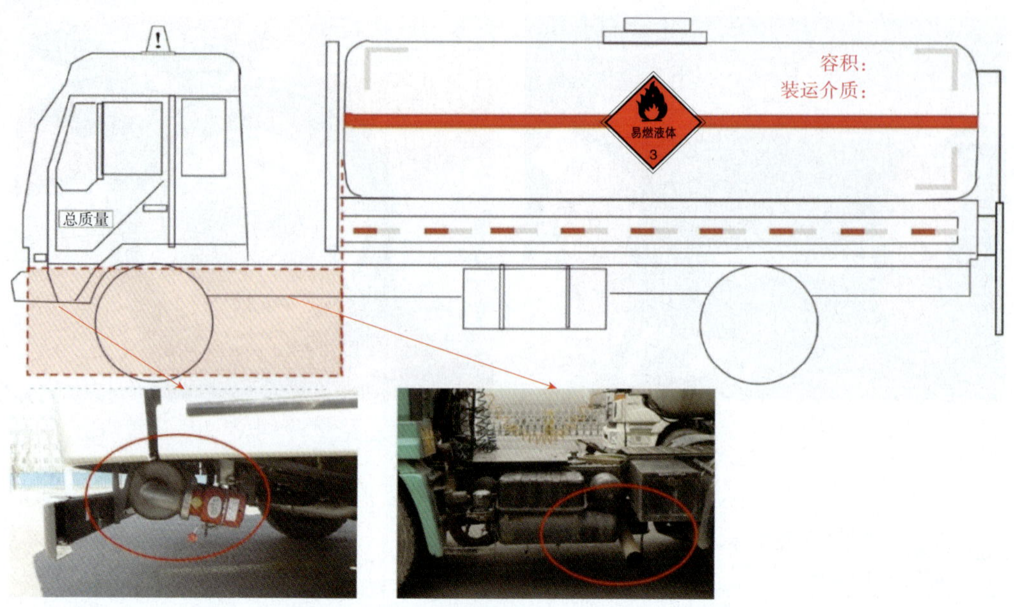

图 2-36　易燃易爆危险货物运输车辆排气管安装位置

第三章

危险货物运输罐车的罐体安全技术要求

罐车是当前最主要的危险货物运输车型，包括整体式罐车、罐式半挂车以及罐式集装箱半挂车。罐体是罐车的载货功能部分，按照设计和使用条件划分，罐体分为常压类和承压类。目前国内常压类金属罐车保有量大，也是事故多发车型。本章将重点介绍常压类金属罐体的基本构造、装卸料口技术要求以及紧急切断装置等关键安全附件。考虑到承压类罐体类型多样，不同类型承压罐体的结构特征、安全技术性能差异较大，不便于统一介绍，本书将在第五章的第二、三、四节通过具体车型分别介绍常温高压、低温中压、深冷低压等3种常见承压罐车安全技术要求。另外，非金属常压罐体构造和安全附件技术要求与金属常压罐体类似，具体内容可查阅《道路运输液体危险货物罐式车辆 第2部分：非金属常压罐体技术要求》(GB 18564.2—2008)，本章不再赘述。

第一节　金属常压罐体基本构造

金属常压罐体（图 3–1）多用于装运液体危险货物，工作压力小于 0.1MPa，与定型汽车底盘或半挂车车架永久性连接，常见的装运介质有汽油、柴油、甲醇、乙醇等。罐体本身多采用优质钢板或铝合金板焊接而成。罐体内部设有隔仓板、加强圈以加强罐体的刚性，同时设置有横向或纵向防波板用于减轻车辆在加速及减速时液体介质的波动和冲击（图 3–2）。罐体顶部设置有倾覆保护装置、平台以及人孔和阀门（图 3–3）。罐体底部设置有装卸管路等附件。其中金属常压罐体顶部倾覆保护装置、人孔组件以及与车架固定连接装置等直接影响罐车运行安全，其技术条件在《道路运输液体危险货物罐式车辆 第 1 部分：金属常压罐体技术要求》（GB 18564.1—2006）中有详细规定，本节对其构造和安全技术要求作简要介绍。

图 3–1　金属常压罐体

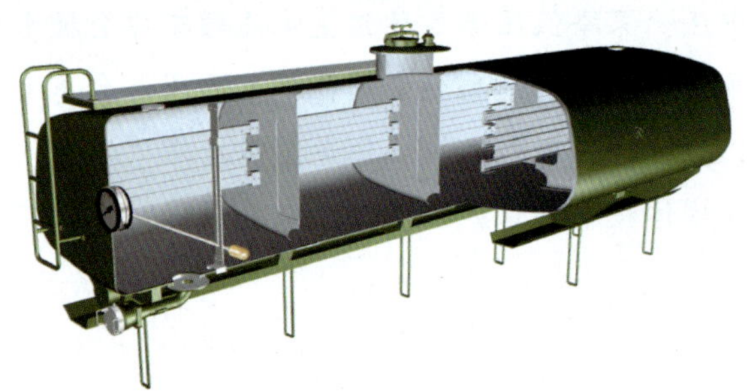

图 3–2　金属常压罐体剖面示意图

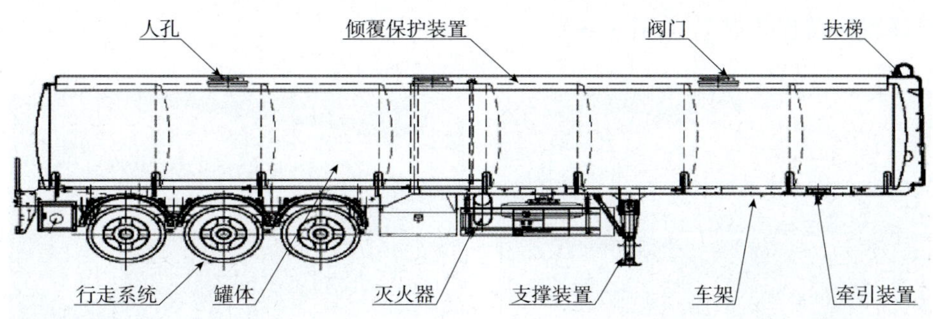

图 3-3　金属常压罐体构造示意图

1 罐体顶部倾覆保护装置

为防止罐车在侧翻倾覆时罐体顶部的管路阀门损毁，罐式危险货物运输车辆的罐体顶部必须设置具有足够强度的倾覆保护装置，并且罐体顶部的管接头、阀门及其他附件的最高点都应低于倾覆保护装置的最高点至少 20mm（图 3-4）。

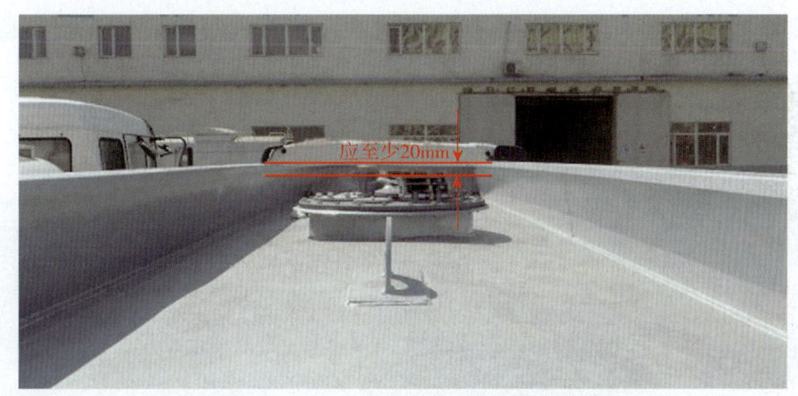

图 3-4　罐体顶部的管接头、阀门及其他附件的最高点要求

需要注意的是，对于装卸阀门未设置在罐体顶部、罐体顶部无管接头和其他附件的罐式危险货物运输车辆，若其罐体在设计和制造时已经充分考虑了车辆倾覆时罐体的防护问题，也视为满足了罐体顶部倾覆保护装置的设置要求。一般压力罐体，如运送低温液体、液化气体的罐车罐体顶部没有装卸口、管路接头，不

需要设置倾覆保护装置（图 3–5）。

图 3–5　低温液体、液化气体罐车罐体顶部没有装卸口、管路接头，不需设置倾覆保护装置

2 人孔装置

金属常压罐体要设置人孔（维修人员出入孔，余同），一般设置在罐体顶部，多仓罐体的每个独立仓都要设置人孔（图 3–6）。工作人员通过人孔可以进入罐内进行维修工作。在人孔盖上设有观察口的，工作人员可通过观察口检查罐内物料，也可从观察口向罐内加注物料。另外，紧急泄放装置、呼吸阀、防溢出传感器等安全附件也通常集成安装在人孔盖上（图 3–7）。

图 3–6　多仓罐体每个单独仓都要安装人孔

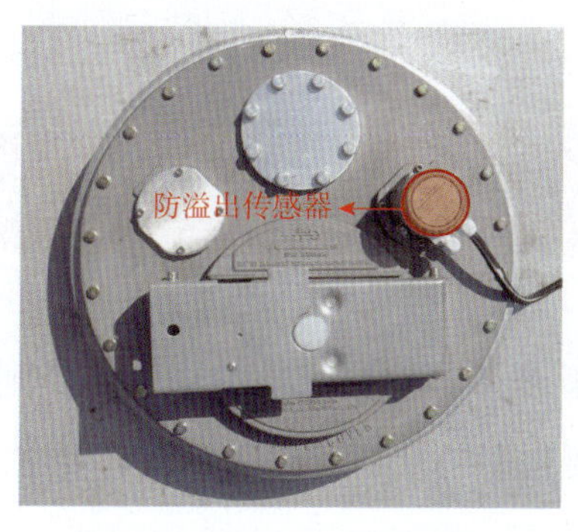

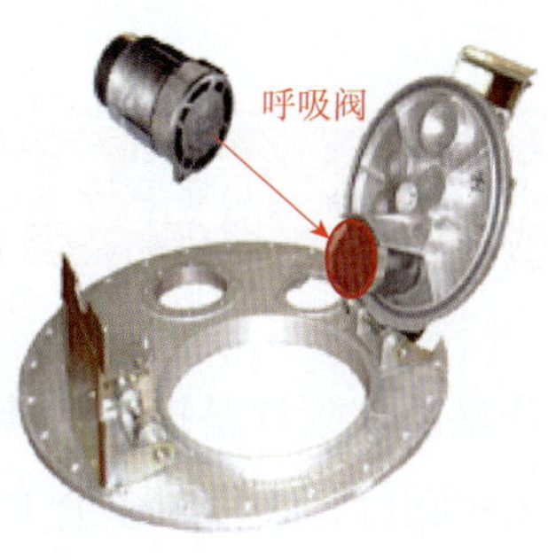

图 3-7 人孔装置

3 罐体与车架的连接固定

罐体与汽车底盘或半挂车车架的连接应牢固、可靠（图 3-8）。连接时，罐体一般由副梁支撑，采用 U 形螺栓固定在底盘大梁上，在副梁和底盘大梁之间垫有硬质橡胶，起到防滑、减振的作用。

图 3-8 整体式罐车罐体与车辆底盘永久性连接

第二节　金属常压罐体装卸口安全技术要求

装卸料管路及其附件是罐体的薄弱环节，在交通事故中容易受到碰撞损毁。金属常压罐体装卸口安全技术要求主要包括装卸料管路阀门设计要求、装卸口布置区域和安全防护条件等内容。

1 装卸管路阀门设计要求

《道路运输液体危险货物罐式车辆　第 1 部分：金属常压罐体技术要求》（GB 18564.1—2006）规定了装卸料管路阀门设计要求。根据装运介质的危险特性和运输安全需求，罐体装卸管路阀门设计要求有 4 种类型，设计代码分别由字母 A、B、C、D 表示，对应罐体设计代码的第 3 位，每种设计类型的具体要求如下。

小知识

《道路运输液体危险货物罐式车辆　第 1 部分：金属常压罐体技术要求》（GB 18564.1—2006）规定，罐体设计代码（图 3-9）由 4 部分组成：第 1 部分为运输介质形态，第 2 部分为罐体计算压力，第 3 部分为装卸口位置及要求，第 4 部分为安全泄放装置设置要求。可通过罐体产品说明书等资料查询罐体设计代码。

（1）罐体装卸管路阀门设计代码为 A 的，罐体底部装卸口要设置 2 道相互独立且串联的关闭装置，第 1 道为外部卸料阀，第 2 道为盲法兰或类似装置。

（2）罐体装卸管路阀门设计代码为 B 的，罐体底部装卸口要设置 3 道相互独立且串联的关闭装置，第 1 道为紧贴罐体的紧急切断阀，第 2 道为外部卸料阀，第 3 道为盲法兰或类似装置（图 3-10）。即罐体装卸管路阀门设计代码为 B，且底部设置有装卸口的罐体，必须安装紧急切断装置。

罐体设计代码(源自ADR规范)分为4个部分，示例说明如下：

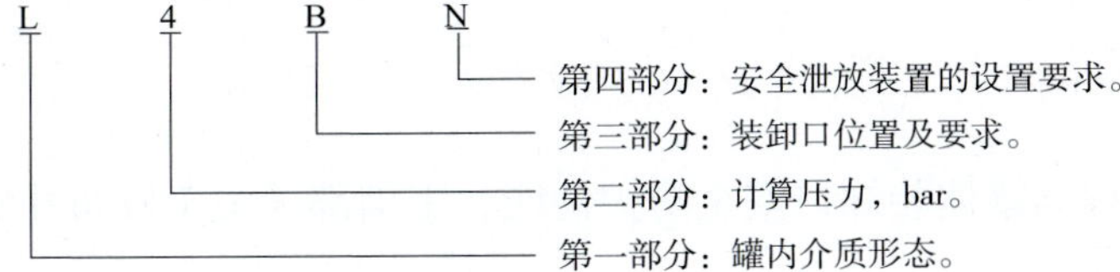

第一部分：罐内介质形态。

L——供液态物质使用的罐。

第二部分：计算压力(bar)，填写G或数值。G见5.4.3.2说明。当为数值时，表示最小计算压力(×0.1MPa)，计算压力按5.4.3.2确定。

第三部分：装卸口位置及要求。

A、B、C、D——见5.8说明。

第四部分：安全泄放装置的设置要求。

图 3-9 GB 18564.1 规定的罐体设计代码图例

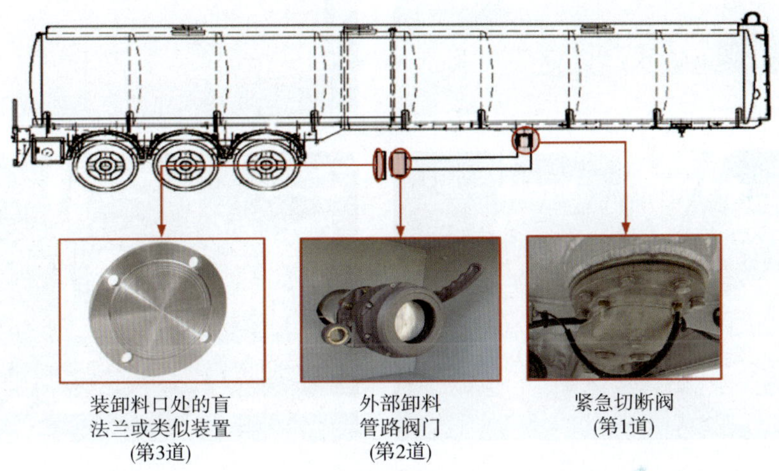

图 3-10 装卸管路阀门设计代码为 B 的阀门设计条件

（3）罐体装卸管路阀门设计代码为 C 的，罐体底部允许有清洁孔，该孔用盲法兰盖密封，其余开孔不能低于罐内最高液面。

（4）罐体装卸管路阀门设计代码为 D 的，罐体所有开孔不低于罐内最高液面。

另外，对于装运剧毒类介质和强腐蚀性介质的罐体，装卸口应设置在罐体顶部。

2 装卸口位置及安全防护

为提高罐体装卸口安全防护性能，工信部《关于发布并实施〈罐式危险品运输车及半挂车补充安全技术要求〉的通知》（工信部产业〔2012〕504 号）进一步明确了装卸口布置区域和安全防护条件。对于装卸口安全防护的要求，该通知要求自 2013 年 5 月 1 日出厂的罐体装卸口，要设置金属材料阀门箱（图 3–11）或防碰撞护栏等保护装置，以及密封盖或密封式集漏器。

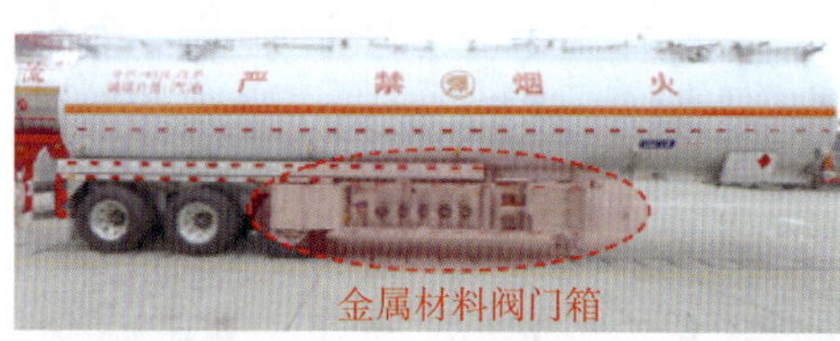

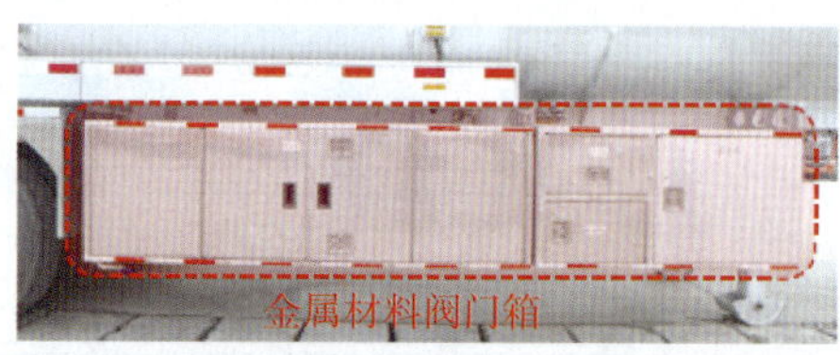

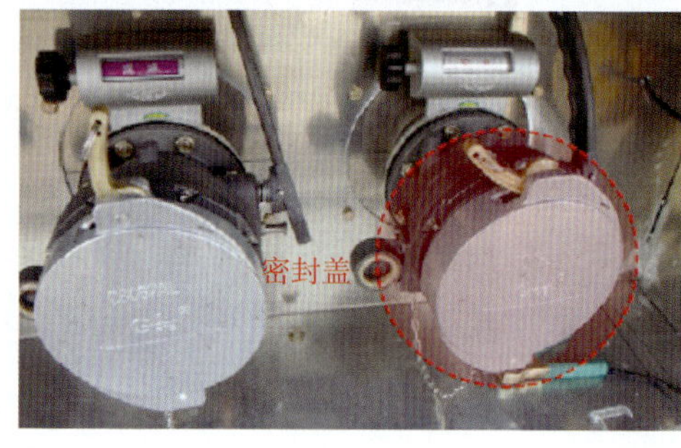

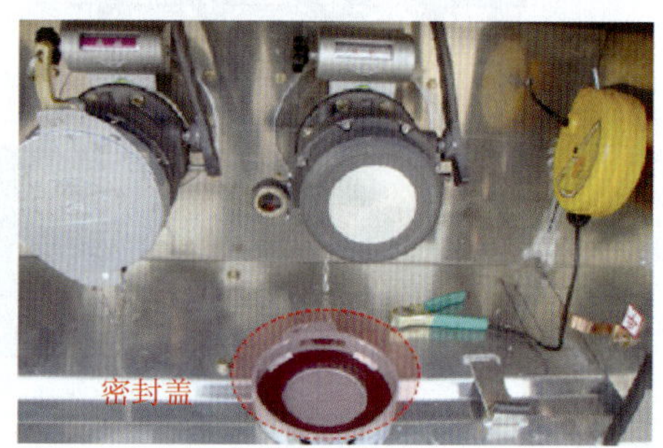

图 3–11 金属材料阀门箱及密封盖

对于装卸阀门的安装位置，该通知要求应根据不同的运输介质，分别符合以下要求：

（1）轻质燃油罐车装卸阀门安装在前轴与后保险杠之间（图 3–12），半挂车装卸阀门安装在支腿与后轴之间（图 3–13）。

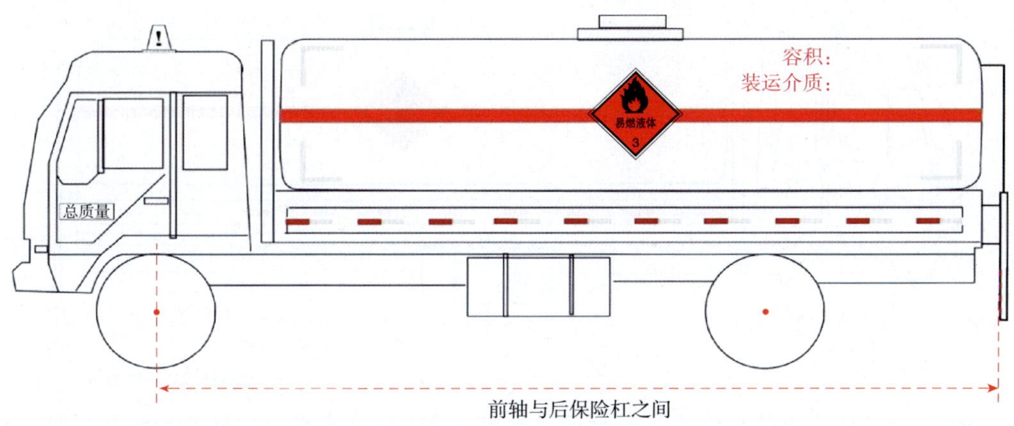

图 3–12　轻质燃油罐车装卸阀门应安装在前轴与后保险杠之间

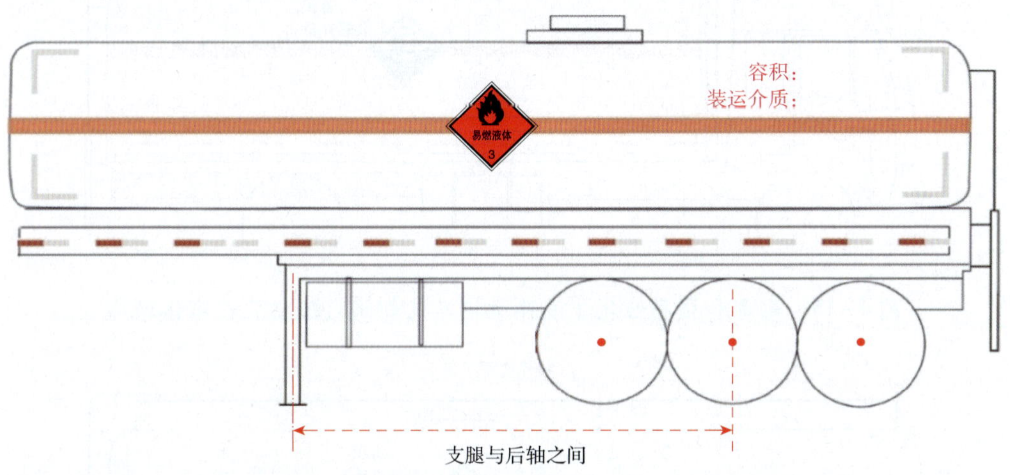

图 3–13　轻质燃油运输半挂车装卸阀门应安装在支腿与后轴之间

（2）化工液体运输车及半挂车装卸阀门安装在车辆最后轴与后防护之间（图 3–14），其中运输剧毒液体和强腐蚀液体的化工液体运输车及半挂车装卸阀门安装在罐体顶部（图 3–15 和图 3–16）。

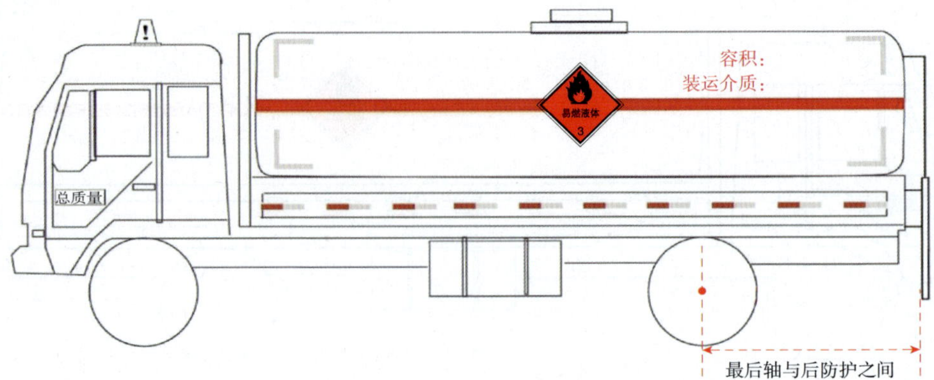

图 3-14　化工液体运输车及半挂车装卸阀门应安装在车辆最后轴与后防护之间

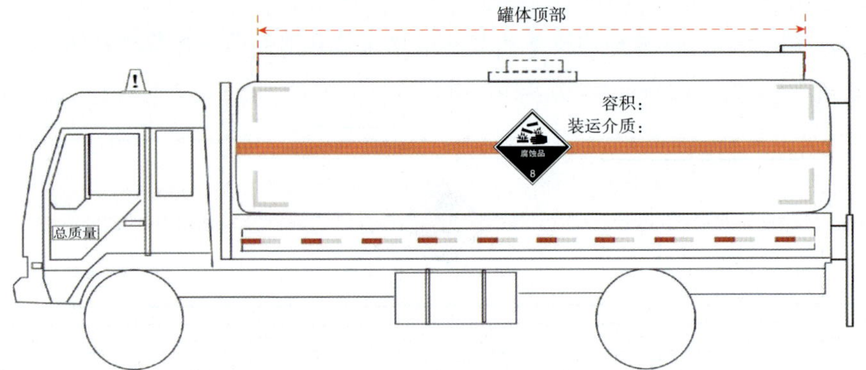

图 3-15　剧毒和强腐蚀化工液体运输车装卸阀门应安装在罐体顶部

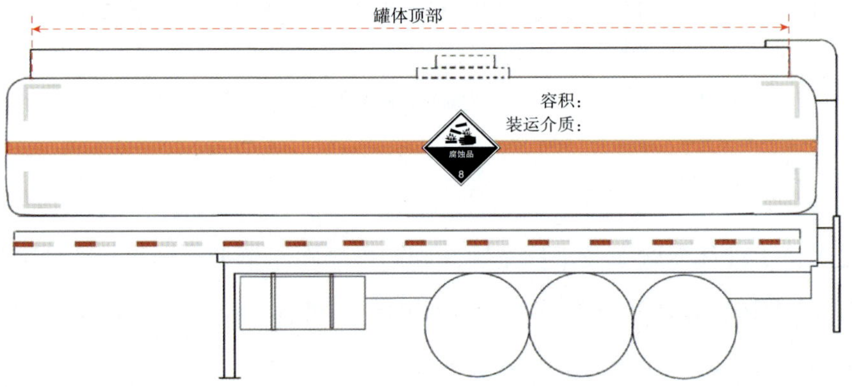

图 3-16　剧毒和强腐蚀化工液体运输半挂车装卸阀门应安装在罐体顶部

第三节 金属常压罐体紧急切断装置结构和使用

紧急切断装置是金属常压罐体最重要的安全装置。本节将着重介绍紧急切断装置安装使用范围、结构、功能、工作原理、安全使用注意事项等内容。

1 紧急切断装置安装使用范围

2014 年 7 月，国家安监总局、工信部、公安部、交通运输部、质检总局 5 部委联合下发《关于在用液体危险货物罐车加装紧急切断装置有关事项的通知》（安监总管三〔2014〕74 号），要求 2006 年 11 月 1 日以后出厂的，用于运输汽油、柴油、甲醛等 17 种介质的常压金属罐车要加装紧急切断装置，以及 2014 年 7 月 7 日以后生产的，罐体设计代码第三部分为“B”并且罐体装卸料口设置在罐体底部或根部的新出厂常压罐车必须安装紧急切断装置。2014 年 12 月 20 日，5 部委又联合下发《关于明确在用液体危险货物罐车加装紧急切断装置液体介质范围的通知》（安监总管三〔2014〕135 号），进一步明确了在用液体危险货物罐车加装紧急切断装置的液体介质范围名单，如表 3-1 所示。

加装紧急切断装置的液体介质范围　　表 3-1

GB 12268 编号	介质名称说明	危险程度分类	罐体设计代码
1090	丙酮	易燃	LGBF
1114	苯	易燃、中度危害	LGBF
1120	丁醇	易燃	LGBF
1123	乙酸丁酯	易燃	LGBF
1160	二甲胺水溶液	易燃、中度危害	L4BH
1170	乙醇或乙醇溶液	易燃	LGBF

续上表

GB 12268 编号	介质名称说明	危险程度分类	罐体设计代码
1173	乙酸乙酯	易燃	LGBF
1198	甲醛溶液	腐蚀、易燃、高度危害	L4BN
1202	柴油	易燃	LGBF
1203	车用汽油或汽油	易燃	LGBF
1212	异丁醇	易燃	LGBF
1219	异丙醇	易燃	LGBF
1223	煤油	易燃	LGBF
1230	甲醇	易燃、中度危害	L4BH
1294	甲苯	易燃	LGBF
1307	二甲苯	易燃	LGBF
2055	单体苯乙烯（稳定的）	易燃、中度危害	LGBF

2 紧急切断装置结构

紧急切断装置由紧急切断阀、控制系统及易熔塞自动切断装置组成（图3–17），其中紧急切断阀是核心功能部件。紧急切断阀紧贴罐体根部或底部安装完成后，阀瓣、弹簧、阀盖在罐体内部，阀体部分在罐体外部。按照控制类型分类，紧急切断装置有气动式和机械式两种类型。

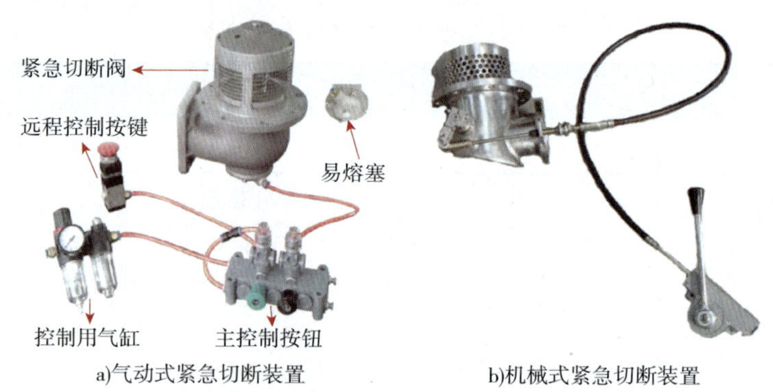

a)气动式紧急切断装置　　b)机械式紧急切断装置

图 3–17　紧急切断装置实物图

1）紧急切断阀

紧急切断阀又叫底阀或海底阀（图 3–18），安装在罐体底部或根部（图 3–19），用于连通或隔绝罐体和外部装卸货物管路。目前国内液体危险货物常压金属罐车用紧急切断阀有铝合金和不锈钢 2 类。铝合金类多用于汽、柴油等轻质燃油运输罐车，不锈钢类主要用于具有一定腐蚀性的化工液体运输罐车。

a)铝合金类紧急切断阀

b)不锈钢类紧急切断阀

图 3–18 紧急切断阀实物图

图 3–19 常见紧急切断阀安装位置

需要注意的是，具有多独立仓的罐体，每个单独仓都要加装紧急切断阀及相应控制装置（图 3-20）。

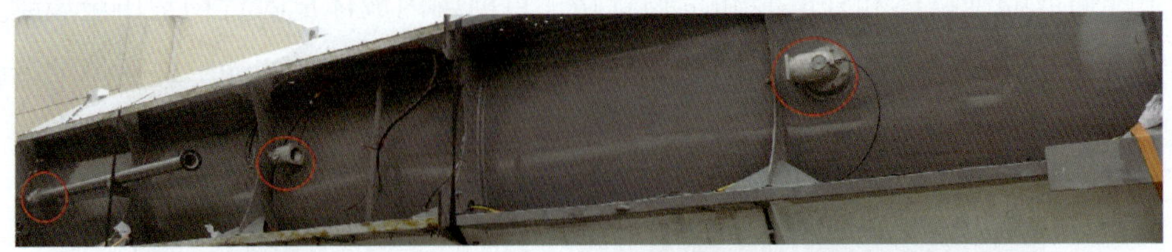

图 3-20　多独立仓罐体的每个单独仓都要加装紧急切断阀及相应控制装置

2）控制系统

紧急切断阀的控制系统是由人工操作，用于打开或关闭紧急切断阀的装置。控制系统有气动式（图 3-21）、机械式（图 3-22）及液压式。操作装置一般有两组，一组靠近装卸操作箱，包括总控制开关和各独立仓紧急切断阀控制开关；另一组设在车身尾部或装卸操作箱的对侧车身位置，远离装卸操作箱，为远程控制开关。两组控制装置为串联，任何一组都能打开或关闭紧急切断阀。

图 3-21　气动式控制系统和远程控制开关

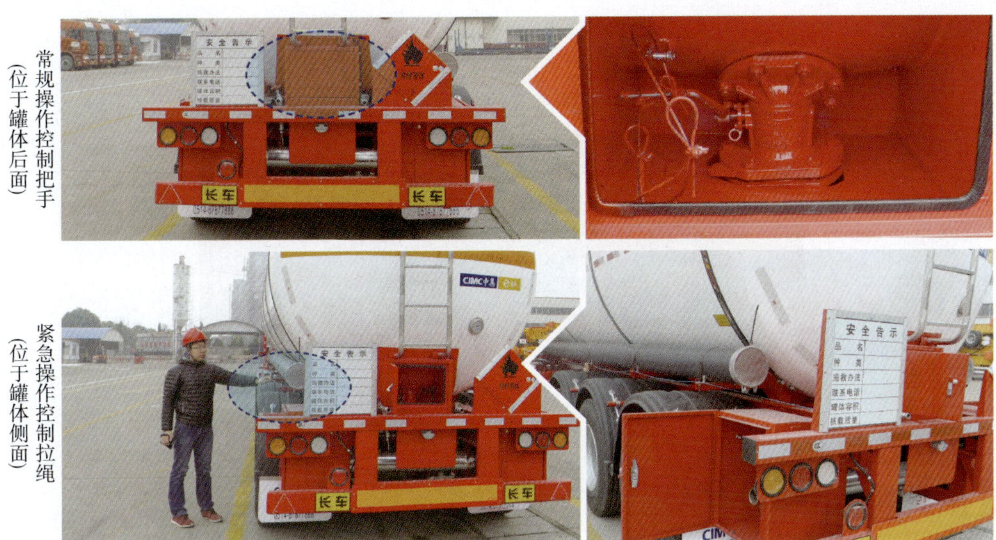

图 3–22　机械式控制系统和远程控制开关

3）易熔塞自动切断装置

易熔塞自动切断装置主要功能部件为易熔塞（图 3–23 和图 3–24），当紧急切断阀处于开启状态，由于火灾等原因使环境温度升高至设定温度时（一般为 75℃ ± 5℃），易熔塞元件融化，切断气压管路或促使阀体内弹簧复位，从而自动关闭紧急切断阀。

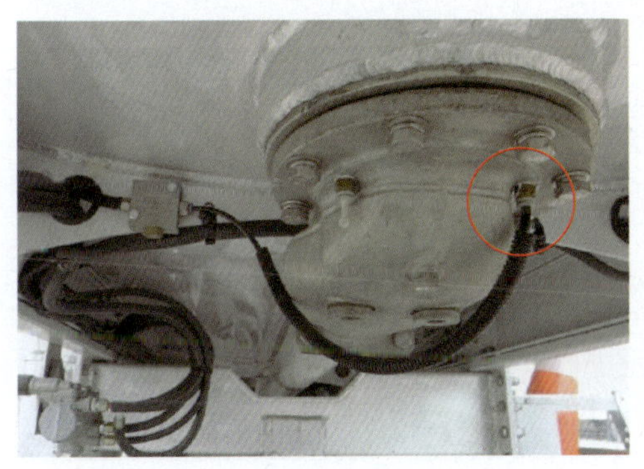

图 3–23　易熔塞元件安装位置

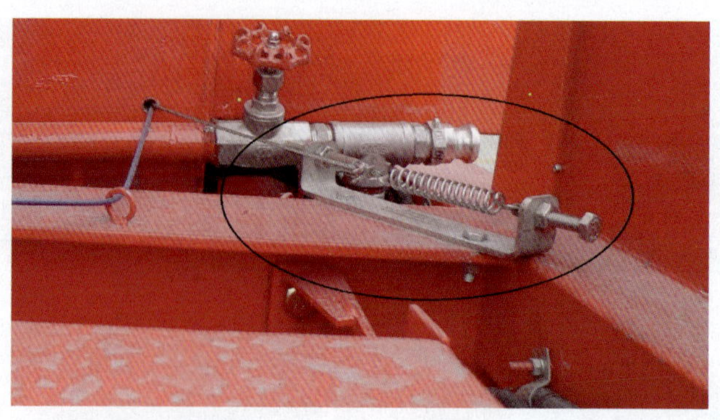

图 3-24　机械式紧急切断阀易熔塞装置

3 紧急切断装置功能与工作原理

在整个装卸料管路上，紧急切断阀和罐底卸料管阀串联安装，共同控制卸料管路的开启和关闭（图 3-25）。紧急切断阀是控制罐体的第一道阀门，当紧急切断阀处于关闭状态，即使罐体外部卸料管路因外力损毁，罐体内液体介质不会外泄。简要来说，紧急切断主要有以下功能：

（1）在非装卸作业时，紧急切断阀处于关闭状态，隔绝罐体和外部装卸料管路，即使装卸料管路或阀门损毁，罐体内介质也不会泄漏。

（2）在装卸作业时，紧急切断阀处于打开状态，连通罐体和装卸料管路。

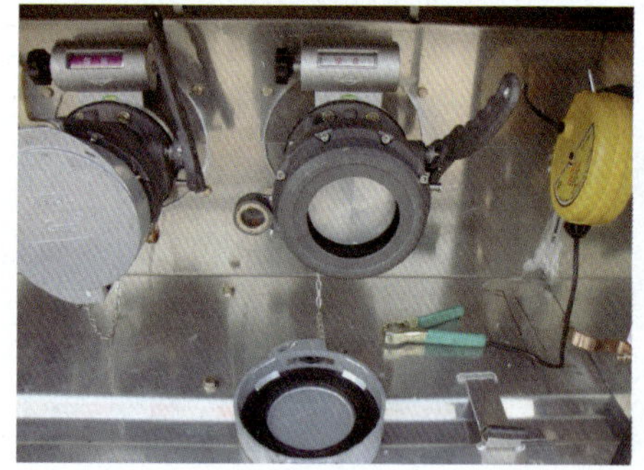

图 3-25　紧急切断阀与卸料管路、卸料阀是串联安装

（3）当出现火灾等紧急情况时，可通过远程控制装置关闭紧急切断阀，或由易熔塞自动切断装置自动关闭紧急切断阀，确保介质不再继续泄漏。

（4）在受猛烈外力作用后，紧急切断阀阀体会沿切断槽断开，致使阀体连同卸料管路与罐体分离，罐体内液体介质也不会外泄。

关闭紧急切断阀时，内置弹簧下压阀瓣，从罐体内部隔断罐体和外部管路；需要打开时，通过控制装置顶起阀瓣和弹簧，连通罐体和外部装卸料管路。其工作原理如图 3–26 所示。

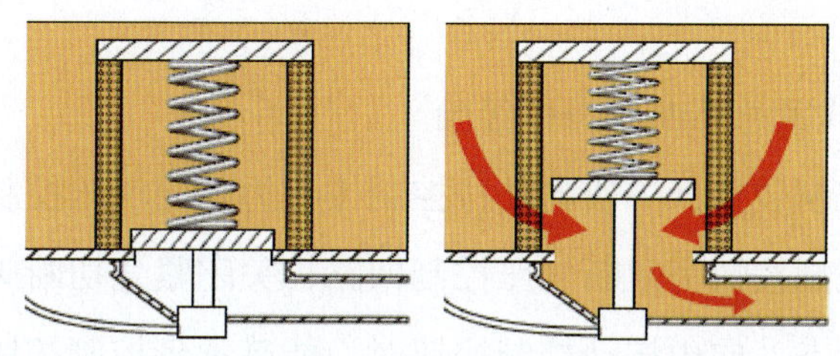

图 3–26　紧急切断阀关闭和打开状态工作原理图

另外，紧急切断阀阀体上还设有切断槽，在受猛烈外力作用后，阀体会沿着切断槽断开，造成阀体连同卸料管路与罐体分离，但不会影响罐体内阀瓣对罐体的密封性，罐体内液体介质也不会外泄（图 3–27）。

图 3–27　沿切断槽断裂后阀瓣（右侧）留在罐体内，罐内液体不会泄漏

4 紧急切断装置使用操作注意事项

紧急切断阀是常闭阀，非装卸工作状态不能打开。因此，在装卸货物完毕后或在行车前，装卸管理人员、驾驶人或押运员要检查确认紧急切断阀处于关闭状态。目前国内还没有紧急切断阀开启和关闭的统一操作标准，在使用罐车前，相关从业人员要仔细阅读罐车或紧急切断装置的使用说明书，熟练掌握紧急切断装置的操作方法。以下简要介绍典型气动式紧急切断装置和机械式紧急切断装置操作经验。

1）典型气动式紧急切断阀操作经验

对于气动式控制装置，一般向外拉控制按钮为接通气压控制回路，打开紧急切断阀；向下按控制按钮为阻断气压控制回路，关闭紧急切断阀。操作时，若控制按钮处于开启状态，向内按动控制按钮时，能感觉到控制按钮向内移动，同时能听见明显的排气声音；若控制按钮处于关闭状态，向内按动控制按钮时，控制按钮不会向内移动，也听不到排气声音（图 3–28 和图 3–29）。

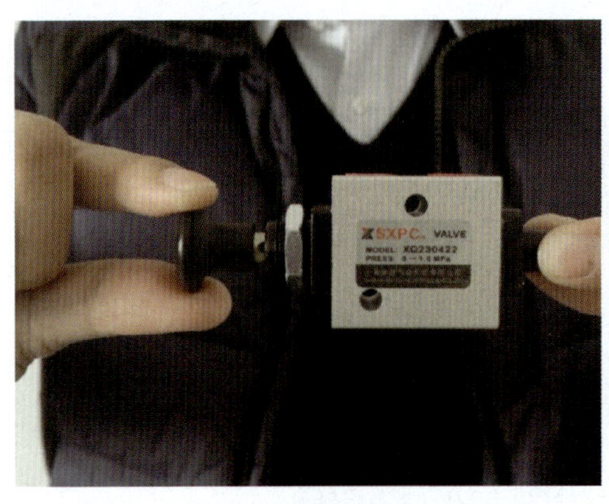

a)外拉控制按钮

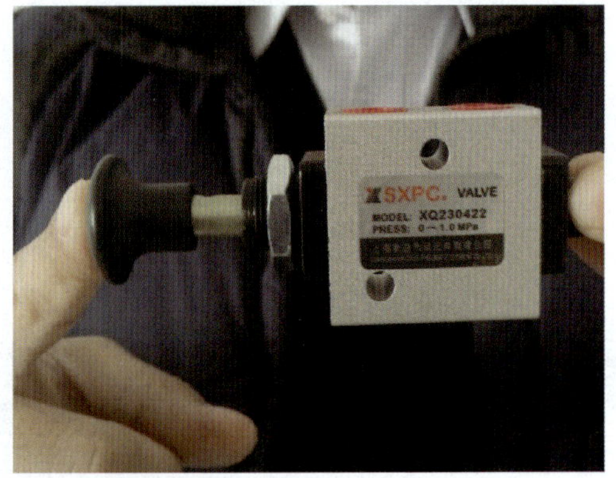

b)下压控制按钮

图 3–28　气动式控制按钮操作经验

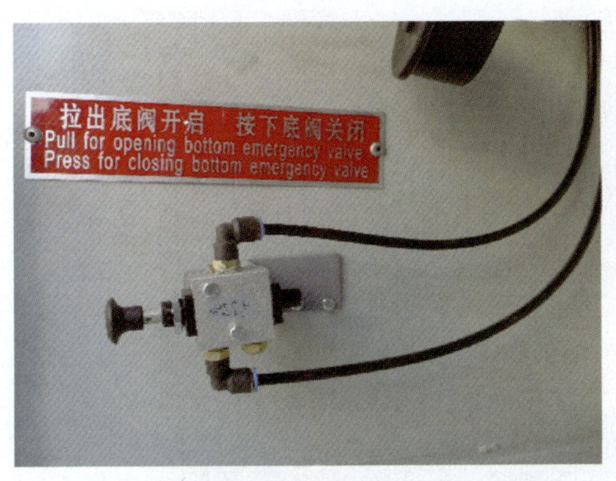

a)操作仓内控制开关

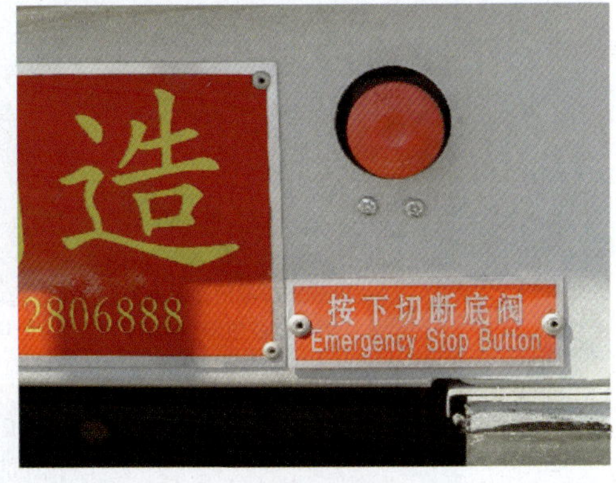

b)远程控制开关

图 3–29　气动式控制装置的控制按钮

2）典型机械式紧急切断阀操作经验

对于如图 3–30 所示的机械式控制装置，向上抬控制把手较为费力，为打开紧急切断阀；下拉控制把手较为轻便，为关闭紧急切断阀。远程控制装置(图 3–31)是车身侧面的钢丝绳索。钢丝绳索连接控制把手，当紧急切断阀处于开启状态，用力猛拉钢丝绳索可带动控制把手，进而关闭紧急切断阀。

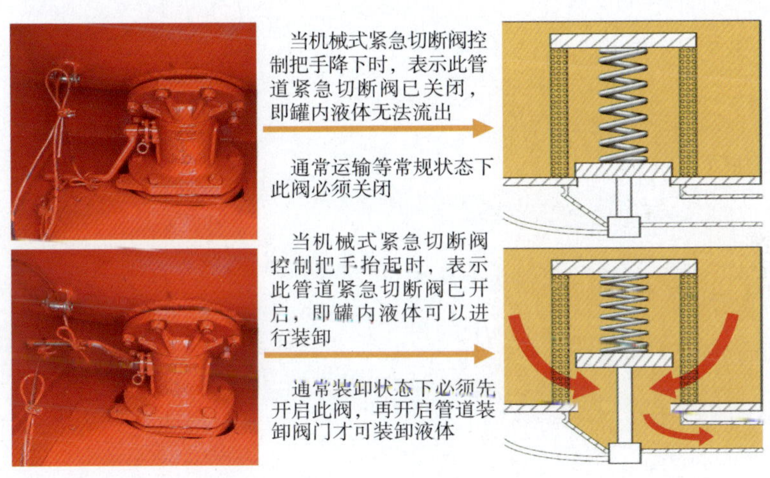

图 3–30　机械式控制装置开关

图 3-31　机械式远程控制装置

第四章

危险货物运输车辆安全监督管理

危险货物具有人体损害或环境污染的危险特性，道路运输安全隐患大。为保证运输安全，国家制定了较为完善的危险货物运输管理法律法规体系。公安、交通、质监等部门为履行危险货物运输安全监管职责，进一步完善和细化了危险货物运输的安全管理制度。涉及危险货物运输车辆的安全管理制度主要包括车辆行驶和营运准入、在用车辆检验、维修、强制报废等内容。

第一节　危险货物运输车辆和罐体使用准入管理

为保证危险货物道路运输安全，国家具备规定条件的车辆、压力容器和运输企业才允许进行危险货物道路运输。具体而言，危险货物道路运输企业购买车辆后，要分别申请获得行驶准入、移动压力容器使用准入、道路运输市场准入等资质后，才可以合法开展危险货物道路运输业务。

1 车辆注册登记

根据《道路交通安全法》的规定，机动车经公安机关交通管理部门登记后，方可上道路行驶。即国家施行机动车行驶准入，并通过机动车登记制度予以实现。根据《机动车登记规定》(2012年9月12日《公安部关于修改〈机动车登记规定〉的决定》修正)，危险货物运输企业到公安机关交通管理部门车辆管理所申请办理车辆注册登记时，要如实填写机动车注册登记申请表，将机动车交给车管所查验，并随车提交以下证明、凭证：

(1) 机动车所有人的身份证明。

(2) 购车发票等机动车来历证明。

(3) 机动车整车出厂合格证明或者进口机动车进口凭证。

(4) 车辆购置税完税证明或者免税凭证。

(5) 机动车交通事故责任强制保险凭证。

(6) 车船税纳税或者免税证明。

(7) 机动车安全技术检验合格报告。

(8) 法律、行政法规规定应当在机动车注册登记时提交的其他证明、凭证。

车辆管理所在确认车辆唯一性和安全技术性能，审查提交的证明、凭证后，核发机动车登记证书、号牌、行驶证（图 4–1）和检验合格标志，完成车辆注册登记。需要注意的是半挂汽车列车的半挂牵引车、半挂车要分别申请注册登记。

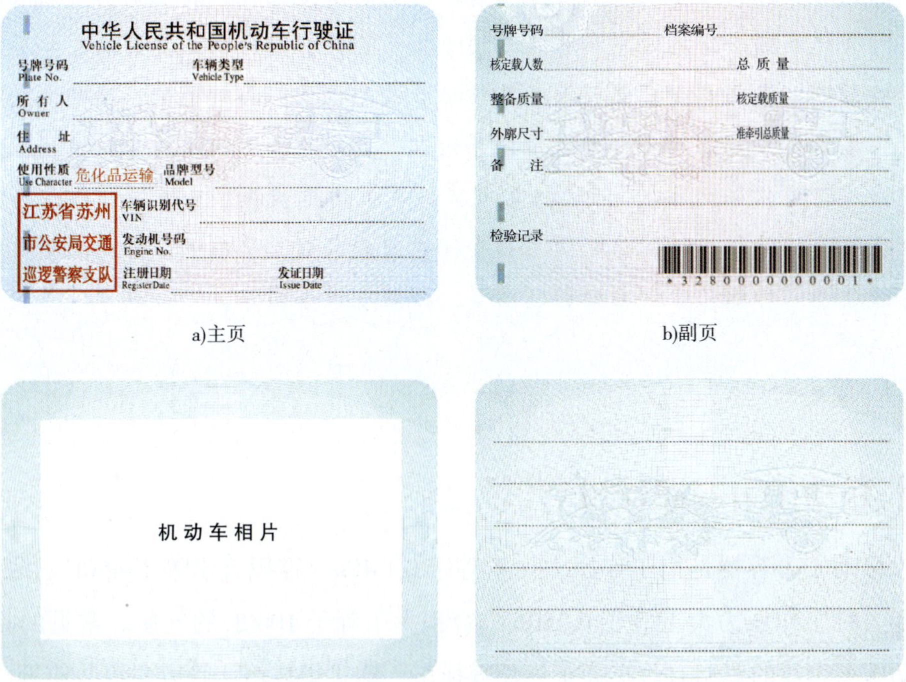

中华人民共和国机动车行驶证
Vehicle License of the People's Republic of China
号牌号码 Plate No.　车辆类型 Vehicle Type
所有人 Owner
住址 Address
使用性质 Use Character 危化品运输　品牌型号 Model
江苏省苏州市公安局交通巡逻警察支队
车辆识别代号 VIN
发动机号码 Engine No.
注册日期 Register Date　发证日期 Issue Date

a)主页

号牌号码　档案编号
核定载人数　总质量
整备质量　核定载质量
外廓尺寸　准牵引总质量
备　注
检验记录
3280000000001

b)副页

机动车相片

c)主页背面

d)副页背面

图 4–1　机动车行驶证式样

安全提示

危险货物道路运输企业在新购危险货物运输车辆时，要购买《公告》内的整车产品，购车后不能擅自改装车辆。公安机关交通管理部门车辆管理所在查验车辆时，发现车辆存在非法生产、拼装、非法改装或其他不符合国家标准情况的，将不予以办理注册登记。

机动车行驶证是准予机动车上道路行驶的法定证件。其主副页签注有与实际登记车辆一致的信息和相片，便于执法检查。行驶证主页正面主要签注号牌号码、车辆类型、所有人及其住址、使用性质、品牌型号、车辆识别代号、发动机号码、注册和发证日期等内容，其中危险货物运输车辆使用性质签注为“危化品运输”；行驶证主页背面是机动车相片，能够清晰辨认车身颜色及外观特征；行驶证副页主要签注核定载人数、总质量、整备质量、核定载质量、外廓尺寸、准牵引总质量、检验记录等内容。

2 移动压力容器使用登记

移动压力容器是指工作压力大于等于 0.1MPa、容积大于等于 450L 的罐车，或者公称工作压力大于等于 0.2MPa、容积大于等于 1000L 的气瓶。常见的具有移动压力容器的车型有汽车罐车、长管拖车、罐式集装箱、管束式集装箱等，运输介质多为液化气体、低温气体、高压气体等危险货物。根据《特种设备安全法》和《特种设备安全监察条例》的规定，压力容器属于特征设备，使用前应当向负责特种设备安全监督管理的部门办理使用登记，取得使用登记证书。具体而言，具有移动压力容器的车辆在投入使用前，使用单位要按移动压力容器铭牌和产品数据表规定的一种介质，向产权单位所在地（或车辆注册登记地）的直辖市或者设区市的质量技术监督部门申请取得《特种设备使用登记证》（图 4–2）及电子记录卡（IC 卡）。

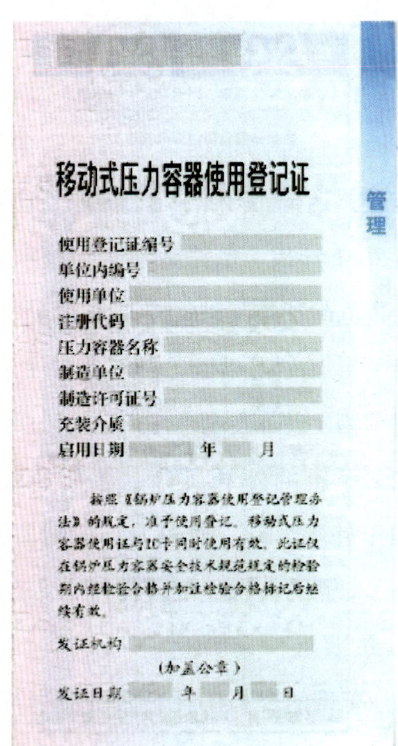

移动式压力容器使用登记证

使用登记证编号
单位内编号
使用单位
注册代码
压力容器名称
制造单位
制造许可证号
充装介质
启用日期 年 月

按照《锅炉压力容器使用登记管理办法》的规定，准予使用登记。移动式压力容器使用证与IC卡同时使用有效。此证仅在锅炉压力容器安全技术规范规定的检验期内经检验合格并加注检验合格标记后继续有效。

发证机构

（加盖公章）

发证日期 年 月 日

图 4-2 移动压力容器特种设备使用登记证

安全提示

已经办理登记的压力容器，在使用过程中充装介质时要与登记的充装介质一致，不允许擅自变更充装介质。对于确实需要变更充装介质的，运输企业要首先向移动压力容器的使用登记机关提出变更申请，经登记机关许可并办理完成变更登记后，才能充装其他介质。

有压力容器的车辆申请取得《特种设备使用登记证》及电子记录卡后，才能开展相应的危险货物充装和运输活动。

3 危险货物运输车辆营运资质

交通主管部门依据《道路运输条例》的规定，对危险货物运输企业及其车辆实施道路运输市场准入。根据《道路危险货物运输管理规定》（交通运输部令2013年第2号和《道路运输车辆技术管理规定》（交通运输部令2016年第1号）的要求，危险货物运输企业的车辆配备和性能如下：

（1）自有专用车辆（挂车除外）5辆以上；运输剧毒化学品、爆炸品的，自有专用车辆（挂车除外）10辆以上。

（2）车辆的外廓尺寸、轴荷和最大允许总质量应当符合《汽车、挂车及汽车列车外廓尺寸、轴荷及质量限值》（GB 1589）的要求。

（3）车辆的技术性能应当符合《道路运输车辆综合性能要求和检验方法》（GB 18565）的要求。

（4）车型的燃料消耗量限值应当符合《营运客车燃料消耗量限值及测量方法》（JT 717）、《营运货车燃料消耗量限值及测量方法》（JT 719）的要求。

（5）车辆要配备有效的通信工具。

（6）车辆安装具有行驶记录功能的卫星定位装置。

（7）运输剧毒化学品、爆炸品、易制爆危险化学品的，应当配备罐式、厢式专用车辆或者压力容器等专用容器。

（8）罐式专用车辆的罐体应当经质量检验部门检验合格，且罐体载货后的总质量与专用车辆核定载质量相匹配。运输爆炸品、强腐蚀性危险货物的罐式专用车辆的罐体容积不得超过20m^3，运输剧毒化学品的罐式专用车辆的罐体容积不得超过10m^3，但符合国家标准的罐式集装箱除外。

（9）运输剧毒化学品、爆炸品、强腐蚀性危险货物的非罐式专用车辆，核定载质量不得超过10t，但符合国家有关标准的集装箱运输专用车辆除外。

（10）配备与运输的危险货物性质相适应的安全防护、环境保护和消防设施设备等。

危险货物运输企业申请取得《道路运输经营许可证》后，道路运输管理机构将对运输企业自有的符合许可条件的专用车辆配发《道路运输证》（图 4–3）。《道路运输证》经营范围栏内标注有允许运输危险货物的类别、项别或品名，运输剧毒类化学品的，标注“剧毒”字样。对从事非经营性道路危险货物运输的车辆，加盖“非经营性危险货物运输专用章”。

<table>
<tr><td rowspan="3">中华人民共和国道路运输证

交运

业 户 名 称：
地　　　址：
车 辆 号 牌
经营许可证号：
经 济 类 型：
车 辆 类 型：
吨（座）位：
车 辆 尺 寸：长　　毫米
宽　　毫米
高　　毫米</td><td>经营范围　经营性道路危险货物运输
（2类1项）</td></tr>
<tr><td>备注</td></tr>
<tr><td>核发机关
年　月　日</td></tr>
</table>

图 4–3　《道路运输证》式样

需要说明的是，根据《道路运输危险货物管理规定》（交通运输部令 2013 年第 2 号）的规定，危险货物运输企业的自有车辆才能申请办理车辆《道路运输证》，开展相应的危险货物道路运输活动。禁止个人车辆、挂靠车辆从事道路危险货物运输。

小知识

违反车辆安全和危险货物运输准入管理规定的主要法律责任：

(1) 使用安全技术条件不符合国家标准要求的车辆运输危险化学品的，处5万元以上10万元以下的罚款。

(2) 未取得道路危险货物运输许可或超越许可事项从事相关运输的，或使用失效、伪造、变造、被注销等无效道路危险货物运输许可证件从事相关运输的，责令停止运输经营，没收违法所得，处违法所得2倍以上10倍以下的罚款，违法所得不足2万元的，处3万元以上10万元以下的罚款。

(3) 道路危险货物运输企业或者单位未按规定维护和检测运输车辆的，处1000元以上5000元以下的罚款。

(4) 道路危险货物运输企业擅自改装已取得《道路运输证》的专用车辆及罐式专用车辆罐体的，处5000元以上5万元以下的罚款。

第二节　在用危险货物运输车辆和罐体的检验

危险货物运输车辆在使用中，要进行车辆安全技术定期检验、车辆年度审验，罐式车辆还要进行罐体或移动压力容器的定期检验，确保车辆和罐体的安全技术性能良好。

1 危险货物运输车辆安全技术定期检验

根据《道路交通安全法实施条例》的要求，危险货物运输汽车、半挂车每年需要到机动车安全技术检验机构检验1次。根据国家标准《机动车安全技术检验项目和方法》（GB 21861—2014）的规定，机动车安全技术检验主要内容和一般流程如图 4–4 所示。

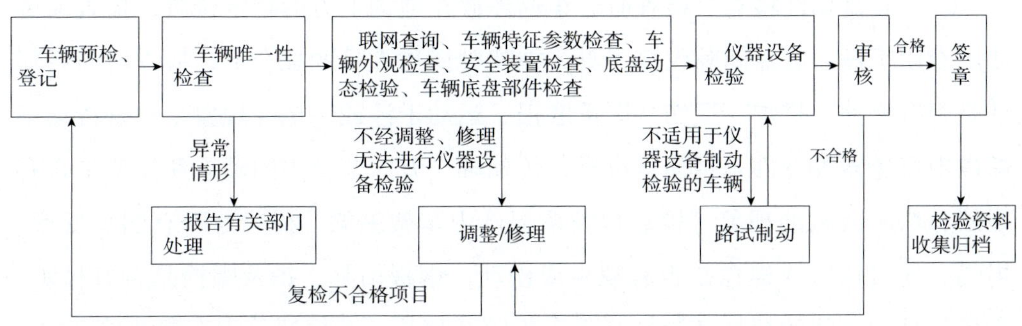

图 4–4　机动车安全技术检验主要内容和一般流程

（1）车辆唯一性检查。主要是对机动车的号牌号码和类型、车辆品牌和型号、车辆识别代号、发动机号码、车辆颜色和外形进行检查，以确认机动车的唯一性。

（2）联网查询。是指利用联网信息系统查询车辆是否已将涉及的道路交通事故和道路交通违法处理完毕。

（3）车辆特征参数检查。主要是对机动车的外廓尺寸、整备质量、栏板高度、后轴钢板弹簧片数、货箱等车辆主要特征和技术参数进行检查，以确认与机动车国家安全技术标准、机动车产品公告、机动车出厂合格证、机动车行驶证等技术资料凭证的符合性。

（4）车辆外观检查。主要检查外观标识、标注和标牌、外部照明和信号装置、轮胎、号牌及号牌安装等内容。

（5）安全装置检查。主要检查安全带、三角警告牌、灭火器、行驶记录装置、车身反光标识、车辆尾部标志板、侧后防护装置、限速功能或限速装置、防抱死制动装置、辅助制动装置、盘式制动器、紧急切断装置、手动机械断电开关、危险货物运输车标志等内容。

（6）底盘动态检验。是指在行驶状态下，定性地判断机动车的转向系、传动系、制动系、仪表和指示器是否符合运行安全要求。

（7）底盘部件检查。检查时，车辆停放在地沟上方的指定位置，检查人员使用专用手锤、底盘间隙仪等工具，在驾驶操作人员的配合下，检查转向系部件是否有松动、拼焊、损伤、严重磨损、运动干涉或摩擦等现象；检查传动系部件中变速器等部件是否连接可靠，传动轴、万向节及中间轴承和支架是否有裂纹、松旷或漏油现象；检查行驶系部件中车架纵梁、横梁是否有明显变形、损伤、连接铆钉或螺栓是否有缺少或松动，钢板吊耳、销及螺栓是否有松旷，车桥与悬架之间的拉杆和导杆是否有松旷或移位，减振器是否有漏油等现象；检查制动系有无擅自改动，是否从制动系统获取气源作为加装装置的动力源，制动主缸、轮缸、管路是否漏气、漏油、老化，制动系管路是否出现固定松动或与其他部件产生摩擦等现象；检查发动机是否固定可靠，排气管、消声器是否安装正确，对于运送易燃和易爆物品的危险货物运输车，检查排气管是否安装在罐体或箱体前端面之前、不高于车辆纵梁上平面的区域，是否安装排气火花熄灭器，机动车尾部是否安装有导静电橡胶接地装置；检查燃料箱是否固定可靠，无漏油现象；检查电器导线和燃料管路有无破损或明显老化。

（8）仪器设备检查。主要对车辆行车制动、驻车制动、前照灯远光发光强度和远近光光束垂直偏移量、车速表指示误差、转向轮横向侧滑量等内容进行上线检查。

根据《机动车登记规定》，车辆所有人检验完成获得机动车安全技术检验合格证明，并缴纳机动车交通事故责任强制保险、车船税获得相关凭证，处理完毕车辆涉及的道路交通事故和道路交通违法后，即可向机动车登记地车辆管理所申请获得机动车安全技术检验合格标志（图 4–5），一般在机动车检验有效期满前 3 个月内申请。

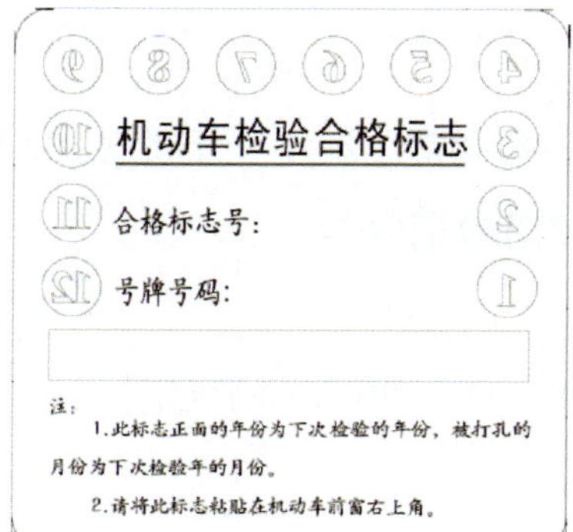

图 4–5　安全技术检验合格标志式样

逾期未检车辆和未报废车辆法律责任：

(1) 上道路行驶的机动车未放置检验合格标志，处警告或者 20 元以上 200 元以下罚款。

(2) 驾驶拼装的机动车或者已达到报废标准的机动车上道路行驶的，车辆将被收缴，强制报废，并可对驾驶人处 200 元以上 2000 元以下罚款，并吊销机动车驾驶证。

安全提示

鉴于紧急切断装置在预防危险货物运输车辆事故方面的重要作用，安监、工信、公安、交通运输、质监等 5 部局“关于在用液体危险货物罐车加装紧急切断装置有关事项通知（安监总管三〔2014〕74 号）”要求，自 2015 年 1 月 1 日起，要将紧急切断装置纳入液体常压罐车的年检项目，对于未按规定安装紧急切断装置的，检验机构将不再出具年检合格证明。

2 罐车罐体安全技术检查

危险货物运输罐车罐体包括移动压力容器和常压罐体。开展危险货物道路运输活动时，压力容器和罐体均应在检验合格有效期内。

1）移动压力容器定期检验

根据《压力容器定期检验规则》(TSGR 7001—2013)的规定，不同类型压力容器的检验周期不同。

汽车罐车和罐式集装箱压力容器的定期检验分为年度检验和全面检验。年度检验每年至少1次；首次全面检验在容器投入使用后1年内进行，下次全面检验周期由检验机构根据容器的安全状况等级按照表4–1确定。

汽车罐车、罐式集装箱全面检验周期　表4–1

罐体安全状况等级	定期检验周期	
	汽车罐车	罐式集装箱
1级、2级	5年	5年
3级	3年	2.5年

长管拖车、管束式集装箱的定期检验周期（表4–2）要根据充装介质来确定。对于已经达到设计使用年限的，如果要继续使用，充装A组中介质时定期检验周期为3年，充装B组中介质时定期检验周期为4年。

长管拖车、管束式集装箱定期检验周期　表4–2

介质组别	充装介质	定期检验周期	
		首次定期检验	定期检验
A	天然气（煤层气）、氢气	3年	5年
B	氮气、氦气、氩气、氖气、空气		6年

注：除B组介质、其他惰性气体和无腐蚀性气体外，其他介质（如有毒、易燃、易爆、腐蚀等）均为A组。

在使用过程中，有下列情况之一的要进行全面检验：

（1）新罐体投入使用后 1 年内进行首次全面检验。

（2）罐体发生重大事故或停用 1 年以后重新投入使用的。

（3）罐体经重大修理或改造的。

2）金属常压罐体安全性能检验

目前国内金属常压罐体定期检验周期和检验项目还没有全国统一的标准，根据《道路运输液体危险货物罐式车辆　第 1 部分　金属常压罐体技术要求》（GB 18564.1—2006）要求，金属常压罐体的定期检验（图 4–6）一般要包括以下检验项目：

图 4–6　长管拖车定期检验

（1）罐体质量技术档案资料审查。

（2）检查罐体外表面，有无腐蚀、磨损、凹陷、变形、泄漏及其他可能影响运输安全的问题。

（3）罐体与底盘行走机构连接部位的检查。

（4）罐体壁厚检测。

（5）检查管路、阀门、装卸软管、垫圈等，有无腐蚀、泄漏等影响装卸及运输安全的问题。

（6）必要时进行焊接接头的无缝检测。

（7）罐体安全附件及承压件的检测。

（8）检查紧急切断装置，不能出现腐蚀变形或可能影响正常使用的缺陷；遥控关闭装置应能正常使用。

（9）罐体表面漆色、铭牌和标志检查等。

3）非金属常压罐体安全性能检验

目前国内非金属常压罐体定期检验周期和检验项目还没有全国统一的标准，根据《道路运输液体危险货物罐式车辆　第 2 部分　非金属常压罐体技术要求》（GB 18564.2—2008）要求，非金属常压罐体的定期检验一般要包括以下检验项目：

（1）罐体质量技术档案资料审查。

（2）检查罐体外表面，有无腐蚀、磨损、龟裂、凹陷、变形、泄漏及其他可能影响运输安全的问题。

（3）检查罐体内表面有无明显的损伤、龟裂、分层、腐蚀等问题。

（4）检查罐体内隔舱板或防波板、加强圈是否明显移动、与罐体连接失效等可能影响运输安全性的问题。

（5）罐体与底盘或半挂车车架连接部位的检查。

（6）罐体壁厚测量。

（7）检查管路、阀门、装卸软管、垫圈等，有无腐蚀、泄漏等影响装卸及运输安全的问题。

（8）必要时进行焊接接头的无缝检测。

（9）罐体安全附件及承压件的检测。

（10）检查紧急切断装置，不能出现腐蚀变形或可能影响正常使用的缺陷；遥控关闭装置应能正常使用。

（11）罐体表面漆色、铭牌和标志检查等。

3 危险货物运输车辆年审

根据《道路货物运输及站场管理规定》（交通部令 2005 年第 6 号）的规定，货运车辆（包括危险货物运输车辆）每年必须进行一次检测和定期审验。

检测应当到符合国家相关标准的机动车综合性能检测机构进行。机动车综合性能检测机构按照国家标准《道路运输车辆综合性能要求和检验方法》（GB 18565）和《汽车、挂车及汽车列车外廓尺寸、轴荷和质量限值》（GB 1589）的规定进行检测，出具全国统一式样的检测报告。并依据检测结果，对照行业标准《道路运输车辆技术等级划分和评定要求》（JT/T 198）评定车辆技术等级。

审验由县级以上道路运输管理机构进行。审验项目包括：

（1）车辆技术档案。包括车辆的基本情况、主要部件更换、修理和二级维护记录（含出厂合格证）、车辆变更记录、行驶里程记录、交通事故记录、技术等级评定记录等项目。其中危险货物运输车辆技术等级评定必须达到一级。

（2）车辆结构和尺寸变更情况。

（3）车辆违章记录。

（4）是否投保危险货物承运人责任险。

（5）车辆必要的应急处理器材、安全防护设施设备和专用的车辆标志。

（6）配置具有行驶记录功能的卫星定位装置。

审验合格后，由道路运输管理机构在车辆《道路运输证》上标明车辆技术等级，并签注审验记录，车辆在审验通过后才能继续开展危险货物道路运输活动。

安全提示

安监、工信、公安、交通运输、质监等5部局“关于在用液体危险货物罐车加装紧急切断装置有关事项通知（安监总管三〔2014〕74号）”要求，自2015年1月1日起，未按要求加装紧急切断装置且无安全技术检验合格证明的液体危险货物罐车，将不予通过年审，并注销车辆《道路运输证》。

第三节　危险货物运输车辆的维修

考虑到剧毒化学品、爆炸品道路运输危险性大，以及罐式车辆罐体内容易残留危险货物，《道路运输车辆技术管理规定》（交通运输部令2016年第1号）要求，对于运输剧毒化学品、爆炸品的车辆及罐式车辆，必须到具备危险货物运输车辆维修资质的企业进行维修；对于上述车辆的牵引车以及其他专用运输车辆，由运输企业自行消除危险货物的危害后，可以到具备一般车辆维修资质的企业进行维修。

第四节　危险货物运输车辆报废

国家实行机动车强制报废制度，根据机动车的安装技术状况和不同用途，规定不同的报废标准。根据《机动车强制报废标准规定》（商务部、国家发展和改革委员会、公安部、环境保护部令2012年第12号）的规定，危险货物运输车达到以下标准都应当强制报废：

（1）危险品运输载货汽车、危险品运输半挂车使用10年。

（2）经修理和调整仍不符合机动车安全技术国家标准对在用车有关要求的。

（3）经修理和调整或者采用控制技术后，向大气排放污染物或者噪声仍不符合国家标准对在用车有关要求的。

（4）在检验有效期届满后连续3个机动车检验周期内未取得机动车检验合格标志的。

安全提示

对于在用的危险货物运输车辆，将使用性质变更为普通载货汽车或半挂车，都将按照危险货物运输货车、半挂车的报废标准执行，不会延长车辆的强制报废时间，车辆仍然按照10年使用期限进行强制报废。另外，为防止达到强制报废标准的危险货物运输车辆非法营运，《机动车强制报废标准规定》要求，距强制报废使用年限1年以内（含1年）的危险货物运输车辆，将不能申请办理变更使用性质、转移所有权或者转出登记地所属地市级行政区域。

危险货物运输车达到强制报废标准的，由车辆所属运输企业将车辆交售给报废机动车回收企业，填写报废申请表，提交《机动车登记证书》、车辆号牌和《机动车行驶证》。机动车回收企业负责确认危险货物运输车辆，向运输企业出具《报废机动车回收证明》，在公安交管部门车辆管理所的监督下解体报废车辆，并将报废申请表、《机动车登记证书》、车辆号牌、《机动车行驶证》和《报废机动车回收证明》副本提交车辆管理所，申请注销登记。对于达到国家强制报废标准，逾期不办理注销登记的，公安交管部门车辆管理所将公告机动车登记证书、车辆号牌、机动车行驶证作废。

第五章

危险货物运输车辆安全使用和应急处置

危险货物道路运输活动中，影响运输安全的因素很多，涉及危险货物运输车辆使用的每个环节，如车辆及其附件的安全技术性能、货物充装或堆码情况、道路交通通行、运输过程动态监管、事故应急救援等，为确保运输安全，国家在危险货物运输车辆使用的每个环节，都制定了完善的管理制度。本章将根据《危险化学品安全管理条例》(2011 年 3 月 2 日国务院令第 591 号修订公布)、《道路危险货物运输管理规定》(交通运输部令 2013 年第 2 号)、《汽车运输危险货物规则》(JT 617—2004) 等的规定，介绍在危险货物道路运输的托运、承运、装载、出车准备、上路行驶、动态监管、应急救援等各个阶段，驾驶人、押运员等相关从业人员应当承担的安全责任和应当遵循的安全操作规范。

第一节　危险货物托运

运输危险货物时，托运人需要做好以下工作：

（1）只能委托具有道路危险货物运输资质的企业承运（图 5-1）。在托运危险货物时，托运人要检查确认承运企业具有相应的危险货物运输资质，并要在道路运输管理机构核准的经营范围内办理危险货物的托运。

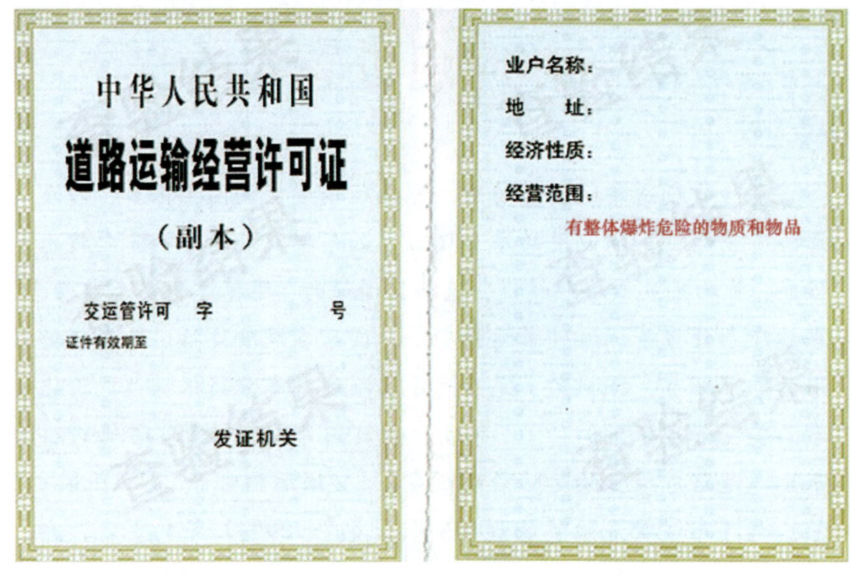
中华人民共和国

道路运输经营许可证

（副本）

交运管许可　字　　　　号

证件有效期至

发证机关

业户名称：

地　　址：

经济性质：

经营范围：

有整体爆炸危险的物质和物品

图 5-1　危险货物道路运输经营许可证及经营范围

（2）通过道路运输剧毒化学品、民用爆炸物品、烟花爆竹的，托运人还须申请办理《剧毒化学品公路运输通行证》《民用爆炸物品运输许可证》和《烟花爆竹道路运输许可证》。上述证件一车一证，载明了承运人、车辆、驾驶人、押运员、通行证有效期限、起始地点、行驶路线、危险货物品名、总量和明细等信息。办理完毕后交承运人随车携带。

（3）托运人必须向承运企业提交与托运的危险化学品完全一致的安全技术说明书，并在托运产品的外包装上加贴或悬挂危险化学品安全标签（图 5–3）。当托运的危险货物未列入《危险货物品名表》（GB 12268—2012）时，还应向承运企业提交与托运的危险货物完全一致的安全技术说明书（图 5–2）、安全标签和危险货物鉴定表（表 5–1）。

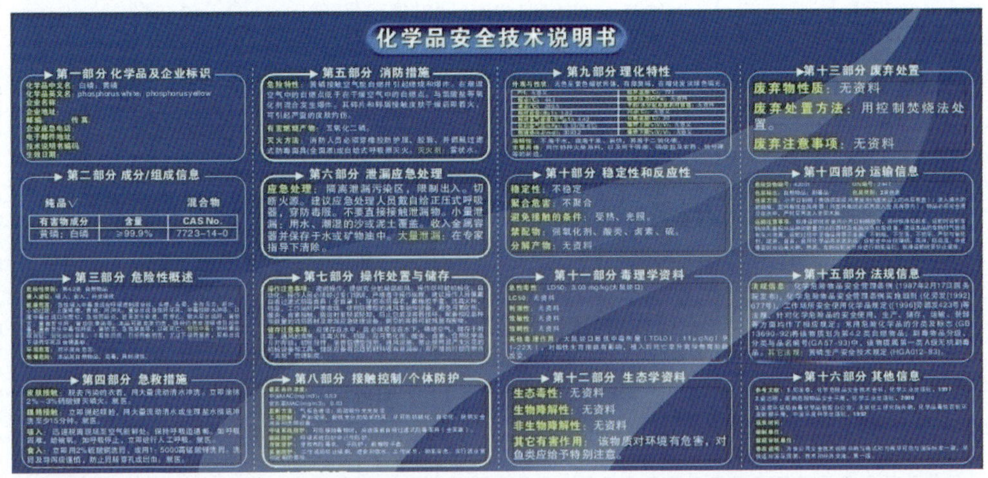

化学品安全技术说明书

第一部分 化学品及企业标识

第二部分 成分/组成信息

纯品√　　混合物

有害物成分	含量	CAS No.
黄磷；白磷	≥99.9%	7723-14-0

第三部分 危险性概述

第四部分 急救措施

第五部分 消防措施

有害燃烧产物：五氧化二磷。

第六部分 泄漏应急处理

应急处理：隔离泄漏污染区，限制出入。切断火源。建议应急处理人员戴自给正压式呼吸器，穿防毒服。不要直接接触泄漏物。小量泄漏：用水、潮湿的沙或泥土覆盖。收入金属容器并保存于水或矿物油中。大量泄漏：在专家指导下清除。

第七部分 操作处置与储存

第八部分 接触控制/个体防护

第九部分 理化特性

第十部分 稳定性和反应性

稳定性：不稳定

聚合危害：不聚合

避免接触的条件：受热、光照。

禁配物：强氧化剂、酸类、卤素、硫。

分解产物：无资料

第十一部分 毒理学资料

第十二部分 生态学资料

生态毒性：无资料

生物降解性：无资料

非生物降解性：无资料

其它有害作用：该物质对环境有危害，对鱼类应给予特别注意。

第十三部分 废弃处置

废弃物性质：无资料

废弃处置方法：用控制焚烧法处置。

废弃注意事项：无资料

第十四部分 运输信息

第十五部分 法规信息

第十六部分 其他信息

图 5–2　危险化学品安全技术说明书式样

小知识

在一些国家，化学品安全技术说明书又称为物质安全技术说明书（material safety data sheet，MSDS），提供了化学品在安全、健康和环境保护等方面的信息，推荐了防护措施和应急情况下的应对措施，是化学品的供应商向下游用户传递化学品基本危害信息（包括运输、操作处置、储存和应急行动信息）的一种载体，同时还可以向公共机构、服务机构和其他涉及该化学品的相关方传递这些信息。《化学品安全技术说明书内容和项目顺序》（GB/T 16483—2008）规定，化学品安全技术说明书（safety data sheet for chemical products，SDS）要包括化学品在安全、健康、环境保护以及防护措施和紧急情况应对措施等信息。

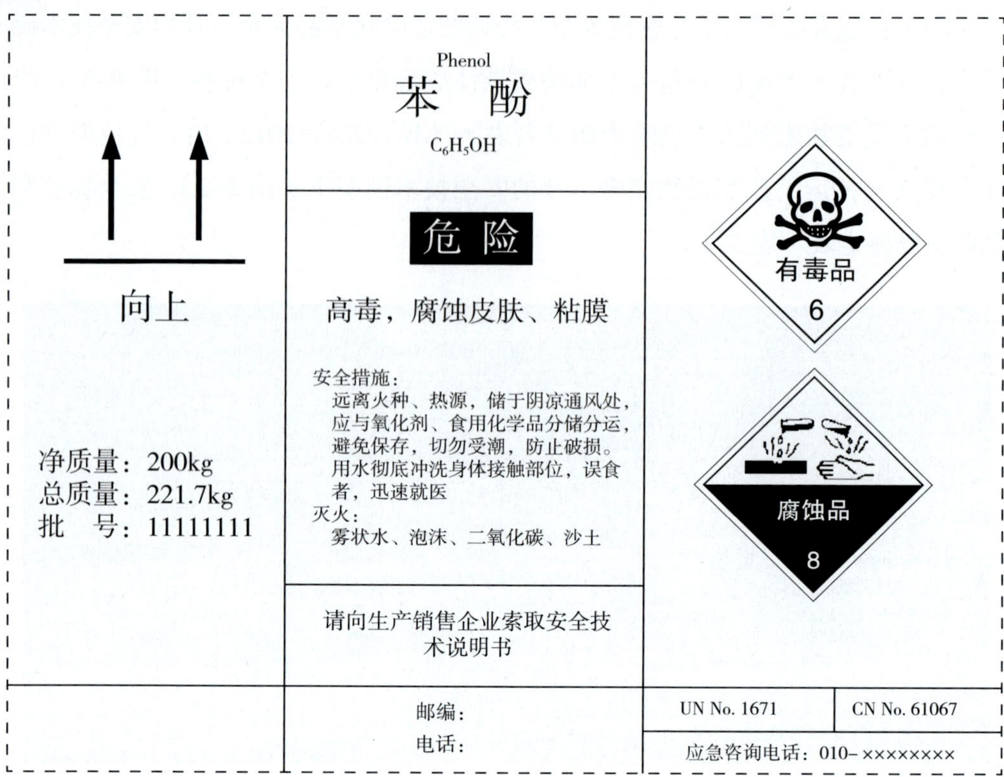

图 5–3 危险化学品安全标签式样

小知识

《化学品安全标签编写规定》(GB 15258—2009) 规定，安全标签要用文字、图形符号和编码的组合形式表示化学品的危险性和安全注意事项，包括化学品标识、象形图、信号词、危险性说明、应急咨询电话、供应商标识、资料参阅提示语等。安全标签由生产企业在货物出厂前粘贴、挂拴、喷印在包装或容器的明显位置；若改换包装，则由改换单位重新粘贴、挂拴、喷印。

危险货物鉴定表　　表 5-1

品名		别名	
英文名		分子式	
理化性能[a]			
主要成分[b]			
包装方法[c]			
中毒急救措施			
散漏处理和消防方法			
运输注意事项[d]			
鉴定单位意见	属于________类项危险货物 比照__________品名办理 比照危规第________号包装		
鉴定单位联系人：　　电话：　　传真： 地址：　　邮编： 鉴定单位及鉴定人：　　（盖章）　年　月　日			
申请单位联系人：　　电话：　　传真： 地址：　　邮编： 申请鉴定单位：　　（盖章）　年　月　日			

注：鉴定单位由国家安全生产监督管理局指定。

a 性能包括色、味、形态、比重、熔点、闪点、燃点、爆炸极限、急性中毒极限及危险程度；

b 凡危险货物系混合物，应该详细填写所含危险货物的主要成分；

c 包装方法应注明材质、形状、厚度、封口、内部衬垫物、外部加固情况及内包装单位（质量）等；

d 对该种货物遇到何种物质可能发生的危险，提出防范措施。

（4）运输危险化学品需要添加抑制剂或者稳定剂的，托运人必须添加抑制剂或者稳定剂，并告知承运人。

（5）托运人不得在托运的普通货物中夹带危险化学品，也不得将危险化学品匿报或者谎报为普通货物。

（6）托运人必须向承运企业说明危险货物的种类、数量、危险特性以及发生危险情况的应急处置措施，如实填写托运单，按照规定妥善包装危险货物，在外包装上设置相应标志，典型危险货物的托运要求如表 5–2 所示。危险货物道路运输运单应当包含以下内容，格式表 5–3 所示。

几种典型危险货物托运要求　　表 5–2

序号	托运货物类型	托运人安全责任
1	使用集装箱装运	提交危险货物装箱清单
2	需控温运输的	向承运人说明控制温度、危险温度和控温方法，并在运单上注明
3	食用、药用	在运单上注明“食用”、“药用”字样
4	放射性物品	按《放射性物质安全运输》标准 GB 11806 办理
5	需要添加抑制剂或者稳定剂的	在交付托运时应当添加抑制剂或者稳定剂，并在运单上注明
6	需要托运凭证运输的	提交相关证明文件，并在运单上注明
7	危险废物、医疗废物	提供相应识别标识
8	盛装过危险货物的容器	未经消除危险处理或有残留物的，仍按原装危险货物办理托运

①托运、承运、收货者的单位名称、联系人、电话、传真、地址、邮编；

②收发货地点、时间；

③危险货物品名、性质、编号、规格、数量、件重、包装形式、包装等级；

④凭证运输证明文件、运输特殊要求；

⑤运输注意事项。

危险货物道路运输运单　　表 5–3

运单编号：

拖运方	单位名称			收货方	单位名称	
	联系电话				联系电话	
装货地点				运输目的地		
装货日期				预计到达日期		
承运方	单位名称					
	经营许可证号			联系电话		
	车辆信息	车牌号码		挂车信息	车牌号码	
		道路运输证号			道路运输证号	
	驾驶员	姓名		押运员	姓名	
		从业资格证号			从业资格证号	
		联系电话			联系电话	
货物信息	联合国编号	危险货物名称	类 / 项别	包装类别	规格	数量（t/m^3）

运输注意事项：

应急处置措施：

托运方声明：

以上危险货物信息真实、完整；有关危险货物的分类、包装、标记及相关操作符合国家相关政策法规及标准规范的要求。

负责人签字：　　　　　日期：

装载完成声明：

以上危险货物已装载完成；货物包装完好，装载操作符合国家相关政策法规及标准规范的要求。

负责人签字：　　　　　日期：

承运方声明：

承诺在运输过程中遵守《道路运输车辆动态监督管理办法》《道路危险货物运输管理规定》等政策法规及标准规范的要求。

负责人签字：　　　　　日期：

第二节　危险货物承运

运输危险货物时，承运人需要做好以下工作：

（1）承运人需要取得交通部门认定的危险化学品运输资质，并在道路运输管理机构核准的经营范围内受理危险货物托运。

（2）要根据所运输危险货物品类、危险性，制定突发事件应急预案（表 5–4 和表 5–5），配备应急救援人员和必要的应急救援器材、设备，定期组织应急救援演练（图 5–4）。

事故及其灾害后果预测范本示例（表 A、表 B）　　表 5–4

液氯罐车事故及其灾害后果预测　　表 A

危险因素		发生危险场所或路段	时间段	可能引起的事故	灾害后果
包装及罐体容器	罐体自身缺陷引起罐体破损	××× 公路 ×××km	×× 点左右	液氯介质泄漏	1. 健康危害：(1) 侵入途径：吸入；(2) 健康危害：对眼、呼吸道黏膜有刺激作用；(3) 急性中毒；(4) 慢性影响；(5) 液态氯蒸发时要吸收大量的热，接触液氯可引起严重冻伤；(6) 氯气浓度对人体产生的效应见表 B。 2. 环境危害：对植物、禽兽具有不用程序的破损作用
	阀门泄漏	××× 公路 ×××km	×× 点左右	液氯介质泄漏	
恶劣天气	高温暴晒	××× 公路 ×××km	×× 点左右	罐体压力升高，罐体爆炸或安全阀开启，导致液氯介质泄漏	
交通状况	行驶过程中车辆事故	××× 公路 ×××km	×× 点左右	罐体压力升高，罐体爆炸或安全阀开启，导致液氯介质泄漏	

资料来源：危险货物道路运输企业运输事故应急预案编制要求 (JT/T 911—2014) 附录 B（资料性附录）。

（3）核实所装运危险货物的收发货地点、时间以及托运人提供的相关单证是否符合规定，核实货物的品名、编号、规格、数量、件重、包装、标志、安全技术说明书、安全标签和应急措施以及运输要求等。

氯气浓度对人体产生的效应 表 B

氯气浓度（mg/m^3）	效 应
0.06	闻到气温（可产生一定的耐受性）
90	可致剧咳
120 ~ 180	30min ~ 60min 可引起中毒性肺水肿及肺炎
300	可造成致命损害
3000	危及生命

液氯罐车常见事故情形及应急处理办法表 表 5-5

序号	事故现象	事故原因	后果	处理办法	备注
1	伤亡	(1) 碰撞 (2) 翻车 (3) 其他不可测因素	(1) 驾驶、押运人员伤亡 (2) 其他行人伤亡	(1) 抢救，并报告单位领导 (2) 自救不可控制，及时请求社会救助	保护现场同时，积极做好救护工作
2	燃烧	(1) 明火 (2) 雷电 (3) 静电 (4) 电气故障 (5) 其他不可测因素 (6) 因事故引起泄漏	(1) 引起火灾 (2) 人员、设备、物料可能造成重大损失，环境造成污染	(1) 报警，请求社会救助 (2) 报告领导，并组织自救 (3) 必要时疏散周边人员 (4) 设立警戒区域	防止中毒，禁止火种带入
3	中毒	(1) 误食，误接触 (2) 工作中由于多种原因造成直接或间接接触中毒 (3) 由于设备意外损坏及误操作	各种化学危险品造成人员中毒、伤亡	(1) 自救并报警 (2) 向有关施救部门讲清物料特性 (3) 正确佩戴或使用各种劳动防护用品 (4) 设立警戒区域，疏散附近人员	同上
4	泄漏	(1) 设备老化 (2) 碰撞损坏 (3) 各种不可测因素	(1) 物料损失 (2) 人员中毒 (3) 有可能引发火灾、爆炸及环保事故	(1) 堵漏自救 (2) 报警，并报告单位 (3) 根据泄漏情况，及时进行隔离、卸料、倒罐、置换、检修等 (4) 自救或请求社会救助 (5) 必要时疏散周边人员	同上

续上表

序号	事故现象	事故原因	后　果	处理办法	备　注
5	机械损坏	(1) 操作不当 (2) 设备老化 (3) 没有正确使用，引起损坏	运输危险货物车辆在公路上，村庄边，可能引起其他情况发生	(1) 小问题自行解决 (2) 报警将车辆拖离不安全现场	(1) 防止中毒 (2) 防止火种 (3) 拖离时要考虑安全因素

资料来源：宁波金洋化工物流有限公司运输事故应急预案。

图 5–4　危险化学品运输应急救援演练

小知识

根据《危险货物道路运输企业运输事故应急预案编制要求》(JT/T 911—2014)的规定，运输事故应急预案内容要包括运输企业概况、应急救援组织设置、事故及其灾害后果预测、驾驶人和押运员的应急处置、运输企业的应急处置、信息发布、后期处置、应急保障、应急培训和演练，以及危险货物安全技术说明书、相关部门和单位通讯录、本企业应急通信录等附件资料。

（4）使用符合国家法规标准要求的车辆、罐体和配载容器承运，且确保上述运输工具都需要在检验有效期内，并为运输车辆配备应急处置器材和防护用品。

（5）为运输车辆配备持上岗合格证的驾驶人和押运员。

（6）承运剧毒化学品、民用爆炸品、烟花爆竹的向托运企业索取相应道路运输许可证，并交押运员随车携带。

（7）将“道路运输危险货物安全卡”（表5-6）交由驾驶人或押运员随车携带。

小知识

《汽车运输危险货物规则》(JT 617—2004)规定，道路运输危险货物安全卡分正反两面，正面记录了危险货物的品名品类、标识、危险特性、存储要求、泄漏处理、灭火方法、防护措施等项目，便于驾驶人、押运员等从业人员了解所运危险品的主要性质及应急措施，有效避免和防范重特大事故的发生；背面列示了相关急救管理部门的联系电话，如消防部门、医疗部门、环保部门、公安交警、运输单位等。一旦发生运输安全生产事故，从业人员可以立即联系相关部门，及时开展抢险救援活动，从而将事故损失降到最小。

道路运输危险货物安全卡（正面，液化天然气运输车辆）　　表 5-6

<table>
<tr><td rowspan="2">易燃气体</td><td rowspan="2">天然气（液化天然气）
英文名：liquefied natural gas
分子式：CH_4</td><td>UN 编号：1972</td></tr>
<tr><td>危险货物编号：21008</td></tr>
<tr><td rowspan="4">主要危险性
在 -162℃左右的爆炸极限为 6% ~ 13%。当液化天然气由液态蒸发成冷气体时，其密度与常温下的天然气不同，约比空气重 1.5 倍，其气体不会立即上升，而是沿着液面或地面扩散，吸收水与地面的热量以及大气与太阳的辐射热，形成白色云团。由雾可察觉冷气的扩散情况，但在可见雾的范围以外，仍有易燃混合物存在。如果易燃混合物扩散到火源，就会立即燃烧，当冷气温度升至 -112℃左右，就会变得比空气轻，开始上升。液化天然气比水轻，遇水生成白色冰块，冰块只能在低温下保存，温度升高即迅速蒸发，如急剧扰动能猛烈爆喷。天然气主要由甲烷组成，其性质与纯甲烷相似，属“单纯窒息性”气体，高浓度时因缺氧而引起人窒息</td><td colspan="2">泄漏处理
首先切断一切火源，勿使其燃烧，同时关闭阀门等，制止渗漏；并用雾状水保护关闭阀门的人员；操作时必须穿戴防毒面具与手套；对残余废气或钢瓶泄漏出来的气体要用排风机排至空旷地方</td></tr>
<tr><td colspan="2">急救处理
皮肤接触：会造成严重灼伤。液体与皮肤接触后要用水冲洗，如产生冻疮，就医诊疗
吸入：迅速逃离现场至空气新鲜处。保持呼吸道通畅。如呼吸困难，给输吸氧。如呼吸停止，立即进行人工呼吸。就医</td></tr>
<tr><td colspan="2">储运要求
液化天然气应在大气压下稍高于沸点温度（液化天然气为 -160℃）时用绝缘槽车或槽式驳船运输；用大型保温气柜在接近大气压并在相应的低温（-160℃ ~ -164℃）时存储；远离火源和热源；并备用防泄漏的专门仪器；钢瓶应储存在阴凉、通风良好的专用库房内</td></tr>
<tr><td colspan="2">灭火方法
泄漏出的液体如未燃着，可用水喷淋驱散气体，防止引燃着火，最好用水喷淋使泄漏液体迅速蒸发，但蒸发速度要加以控制，不可将固体冰晶射在液体天然气上。灭火剂：雾状水、泡沫、干粉、二氧化碳</td></tr>
<tr><td>防护措施</td><td colspan="2">工程控制：生产过程密闭，全面通风
呼吸系统防护：一般不需要特殊防护，但建议特殊情况下，佩戴自吸过滤式防毒面具（半面罩）
眼睛防护：一般不需要特殊防护，高浓度接触时可戴化学安全防护眼镜
手防护：戴一般作业防护手套
身体防护：穿防静电工作服
其他：工作现场严禁吸烟。避免长期反复接触。进入罐体、限制性空间或其他高浓度区域作业，须有人监护</td></tr>
</table>

道路运输危险货物安全卡（背面）　　续上表

（根据不同情况联系政府部门或其他相关部门的电话号码）

安全监督部门电话号码：×××××××××

消防部门电话号码：119

化学危险品急救电话号码：×××××××××

医疗急救电话号码：120

环保部门电话号码：×××××××××

公安交警电话号码：122

运输单位电话号码：×××××××××　×××××××××

×××××××××分公司电话号码：×××××××××

保险公司电话号码：955××

国家化学危险品事故应急咨询电话：0532—3889090

（8）要求驾驶人和押运员在运输危险货物时，严格遵守有关部门关于危险货物运输线路、时间、行驶速度方面的有关规定，并通过卫星定位车辆动态监控平台（图 5-5）或者监控终端及时纠正和处理超速行驶、疲劳驾驶、不按规定线路行驶等违法违规驾驶行为。

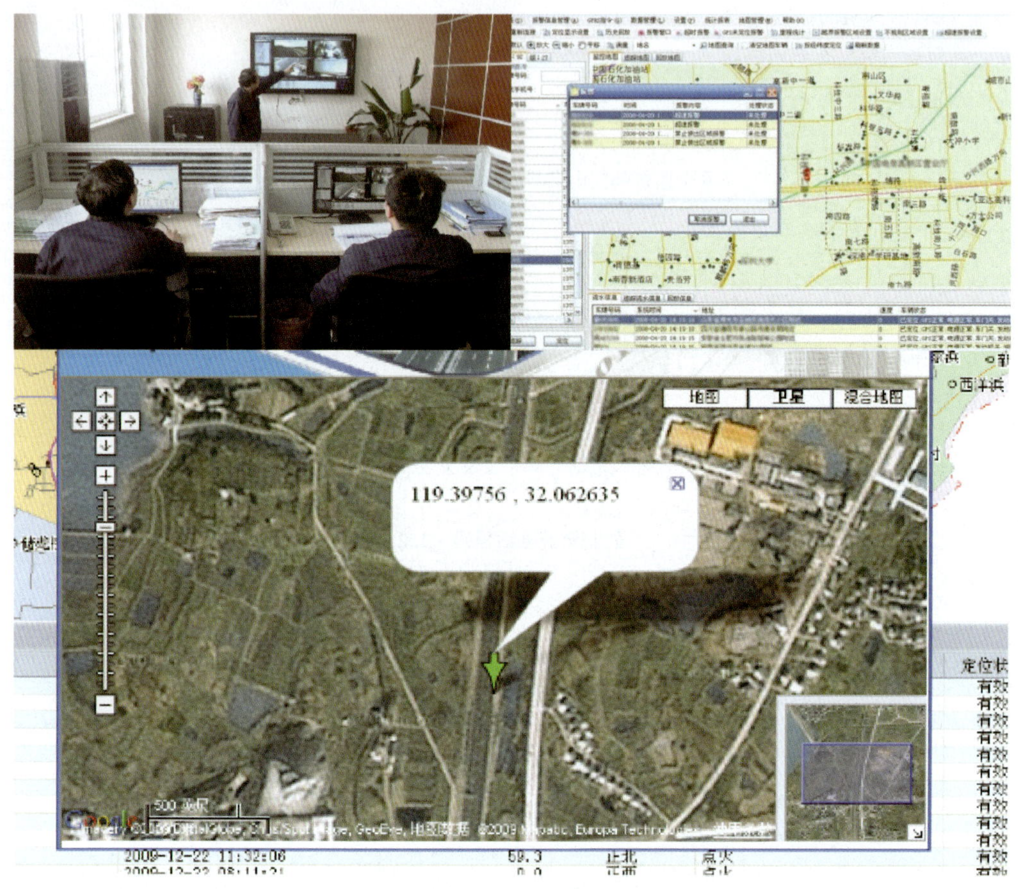

图 5-5　危险货物运输卫星定位车辆动态监控平台

（9）教育培训驾驶人、押运员等从业人员，了解所承运危险货物的性质、危害特性、包装容器的使用特性和发生意外的应急救援措施。

第三节　危险货物装卸

危险货物装载作业是危险货物道路运输的重要组成部分，装载作业质量直接影响着运输车辆的行车安全。为确保危险货物装载质量符合安全要求，《道路危险货物运输管理规定》（交通运输部令2013年第2号）规定，装卸危险货物必须在具有相应从业资质的装卸管理人员的现场指挥或者监控下，根据《汽车运输装卸危险货物作业规程》（JT 618—2004）的规定开展危险货物装卸工作。

1 装载作业前的安全检查

根据《国务院安委会办公室关于印发〈集中整治道路危险化学品运输违法行为专项行动工作方案〉的通知》（安委办函〔2014〕59号）的规定，危险化学品充装企业、货物站场和液化气充装单位必须建立对危险化学品承运人的查验、登记等制度。在发货或充装危险化学品前必须查验：

（1）车辆《道路运输证》、驾驶人、押运员及装卸作业人员的从业资格证是否与承运货物相适应。

（2）压力容器是否在检验合格有效期内。

（3）车辆是否悬挂符合国家标准《道路运输危险货物车辆标志》（GB 13392—2005）要求的标志。

（4）销售剧毒化学品、易制爆危险化学品的，还必须查验相应的购买许可证件或证明文件。

对于承运人无相应资质或超范围经营的、从业人员不具备资格的、运输车辆或罐体不合格的，充装单位一律不得发货或充装。同时，充装企业、货物站场和液化气充装单位还要记录货物品名、数量和托运人、承运人、购买人、车辆等相关信息，记录保存期限不得少于 1 年。

为保证道路运输安全，在装载作业前装卸管理人员最好能对装运货物的车辆开展以下检查：

（1）随车用于捆扎、遮盖危险货物，以及防潮、防火等应急处理工具、防护用品是否齐全。

（2）车辆地板是否平坦完好，有无凹陷过度弯曲或断裂等缺陷，罐体或气瓶固定是否牢固、可靠。

（3）车厢或罐体内有无与所装危险货物品名或与所装货物的性质相抵的残留物等。

2 常见包装货物装车（堆码）要点

危险货物装车作业时，应根据危险货物包装的类型、体积、质量、件数等情况和包装储运图示标志的要求，采取相应的措施。

（1）小包装危险货物装车时，桶口、箱盖要朝上，允许横倒的桶口及袋装货物的袋口应朝里。

（2）堆码时应从车厢两侧向内错位骑缝堆码，高出栏板的最上一层包装件，堆码超出车厢前挡板的部分不得大于包装件本身高度的 1/2。

（3）装车后，货物应用绳索捆扎牢固，易滑动的包装件，需用防散失的网罩覆盖并用绳索捆扎牢固或用毡布覆盖严密。

（4）爆炸品装车的特别要求。运输爆炸品的要使用厢式货车，不得配装其他货物；车厢装货总高度不得超过 1.5m；无外包装的金属桶只能单层摆放，以免压力过大或撞击摩擦引起爆炸。

（5）气瓶装压缩气体和液化气体。装运压缩气体和液化气体的气瓶在装车前要拧紧瓶帽，注意保护气瓶气阀，防止撞坏。堆码摆放时气瓶应尽量采用直立运输，直立气瓶高出栏板高度不得大于气瓶高度的 1/4。水平放置的气瓶均应横向平放，瓶口朝向统一，不允许纵向水平装载气瓶；水平放置最上层气瓶不得超过车箱栏板高度。装车后要妥善固定瓶体，防止气瓶乱窜、滚动，保证装载平衡。装运大型气瓶（盛装净重 0.5t 以上）或气瓶集装架（格）时，气瓶与气瓶、集装架与集装架之间需填牢填充物，在车箱栏板与气瓶空隙处应有固定支撑物，并用紧绳器紧固，严防气瓶滚动，重瓶不准多层装载（图 5–6）。

a)超出栏板高度大于气瓶高度的1/4

b)水平横向放置气瓶瓶口方向不统一

图 5–6　道路运输压力气瓶常见安全隐患

（6）桶装易燃液体装车的特别要求。易燃液体在装车堆码时桶口、箱盖一律向上，不得倒置；装完后，应罩好网罩，捆扎牢固。钢制包装件多层堆码时，层间应采取合适衬垫，捆扎牢固。

3 常见散装危险货物装车要点

常见的散装危险货物装车要注意以下要点：

（1）装运散装固体危险货物车厢应采取衬垫措施，防止散漏；易散漏、飞扬的散装、分装危险货物，装车后应用苫布遮盖严密，捆扎结实，防止飞扬或者行车时窜动或甩出车箱。

安全提示

电石学名碳化钙，是道路运输活动中较为常见的散装固体危险货物。电石的化学性质非常活泼，遇水会发生剧烈的化学反应，生成乙炔气体和氢氧化钙，同时放出大量的热。道路运输电石时要注意做好防水包装，防止遇水燃烧。正常情况下，电石起火要用磷酸盐干粉、干黄沙和水泥进行覆盖、隔离扑灭（图 5–7）。

a)电石遇雨水爆燃

b)水泥覆盖灭火

图 5–7　满载电石挂车雨中爆燃事故

（2）应用罐车装用液体或气体危险货物的，要核对确认货物在车辆准运范围内，按照车辆核定吨位装载（图 5–8 和图 5–9）。

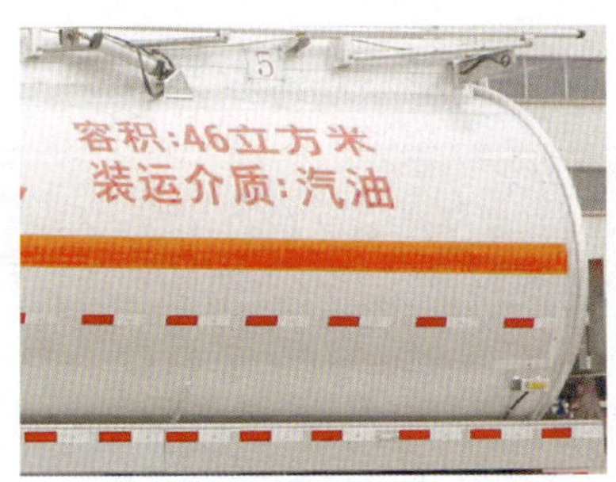

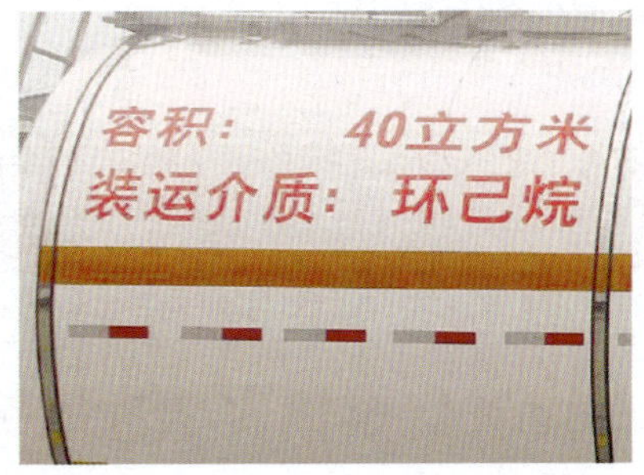

图 5-8 充装介质应与罐体表面喷涂介质名称一致

图 5-9 危险货物半挂牵引车的最大牵引质量应与半挂车总质量相匹配

（3）应用集装箱装运危险货物的，装箱作业前应检查集装箱内有无与待装危险货物性质相抵触的残留物；装箱时根据装载要求装箱，防止集重和偏重；装箱完毕后锁紧箱门，粘贴好与箱内危险货物性质一致的危险货物标志、标牌。

安全提示

危险货物运输车辆不能超装超载。运输剧毒化学品、民用爆炸物品、烟花爆竹的装载质量应与运输通行证或购买、销售许可证一致。运输其他危险货物的装载质量不能超过运输车辆的额定载质量，半挂车充装后的总质量不能超过牵引车的最大牵引质量。

第四节　危险货物安全运输

1 出车前进行车辆安全性能例检

危险货物运输车辆除按要求参加年检、正常维修车辆外，运输企业应建立车辆例检制度，开展出车前车辆安全性能检查。一般的检查项目包括车辆外观标识、灯光信号、轮辋轮胎等易损部件，行车前需关闭的各种阀门，行车中要能正常工作的卫星定位装置、行驶记录仪、导静电橡胶接地装置等安全设备，以及与行车安全紧密相关的制动、转向、传动系统的连接装置（表 5-7）。

出车前车辆安全检查常见项目和方法　　表 5-7

序号	检查项目		检查方法	检查要点
1	车辆外观	车辆号牌	目测检查	完整无遮挡
2		标志灯	目测检查	完好无损坏
3		车辆标志牌	目测检查	正确安装
4		安全标示牌	目测检查	填写内容完整清晰
5		车身反光带	目测检查	完好无损坏
6		反光标识	目测检查	完好无损坏
7		尾部标志板	目测检查	完好无损坏
8		灯光信号	目测检查	完好无损坏
9	安全附件	导静电橡胶接地装置	目测检查	可靠接地
10		压力表	目测检查	正常工作
11		液位计	目测检查	正常工作
12		温度计	目测检查	正常工作
13		紧急切断装置	目测检查	处于关闭状态

续上表

序号	检查项目		检查方法	检查要点
14	安全装置	卫星定位系统	自检指示灯	正常工作
15		行驶记录仪	自检指示灯	正常工作
16	随车设备	随车三角木	目测检查	数量
17		安全防护用品	目测检查	数量
18		三角警告牌	目测检查	数量
19		灭火器	目测检查	数量、压力正常
20	车轮总成	轮辋轮圈	目测检查	轮辋有无裂纹变形、螺栓螺母是否完整紧固
21		轮胎胎面	目测检查	轮胎有无缺损或异常磨损，胎面和胎壁有破裂或割伤
22		胎冠花纹	花纹深度计测量	转向轮胎冠花纹深度大于3.2mm、其他轮胎大于1.6mm
23		轮胎胎压	胎压计检查	胎压是否正常
24	制动系统	制动管道、接头软管等	地沟目测检查	有无漏油、漏气、松动和摩擦干涉
25	转向系统	转向系统部件	地沟目测检查	各部件是否紧固可靠，无松动现象
26	传动系统	传动系统部件	地沟目测检查	连接部件是否松动

1）外观标识

检查项目包括车辆号牌、标志灯、标志牌、安全标示牌、车身反光带和反光标识、尾部标志板以及灯光信号（图 5-10）。

2）安全附件

检查确认罐车罐体的各管路阀门能可靠关闭，导静电橡胶接地装置有效接地，压力表、液位计、温度计等完好有效。需要特别注意的是，对于要求安装紧急切断装置的罐车，在上道路行驶前要重点检查确认紧急切断阀处于关闭状态（图 5-11）。

a)未装用标志灯

b)未按要求粘贴反光标识

c)违法加装后照灯

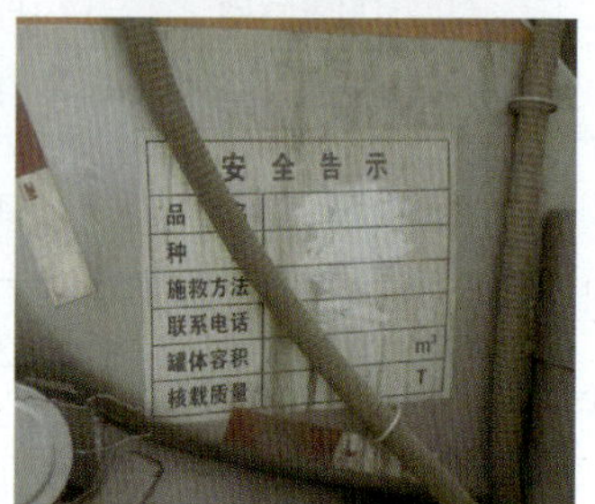

d)未按要求填写标示牌信息

图 5—10　车辆外观常见安全隐患

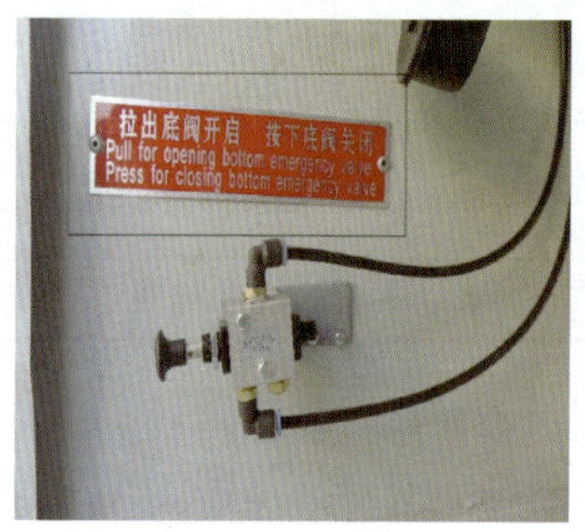

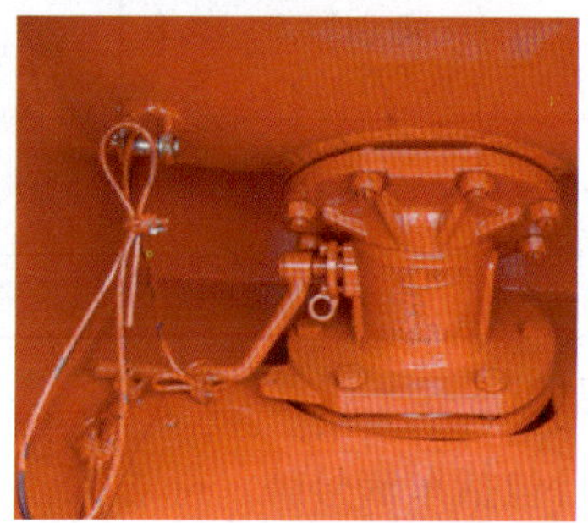

图 5—11　按照使用说明书确认行车前罐体紧急切断阀是否关闭

3）安全装置

检查卫星定位系统、行驶记录仪能否正常工作。卫星定位系统、行驶记录仪或具有卫星定位功能的行驶记录仪都具有自检功能，在通电开始工作时设备能够自检，如果设备有故障，一般能通过指示灯信号（红灯闪烁）或显示屏显示故障类型等信息。

4）随车安全设备

检查随车三角木（图 5-12）、安全防护用品、三角警告牌（图 5-13）、灭火器数量是否齐全，灭火器是否在有效期、压力是否正常。

图 5-12 随车三角木

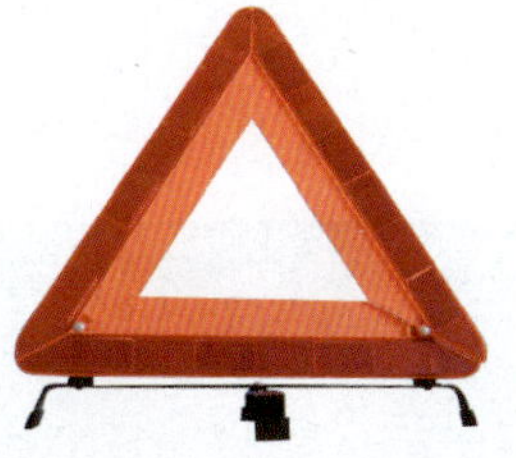

图 5-13 三角警告牌

5）轮辋轮胎

检查车轮轮辋有无裂纹变形、螺栓螺母是否完整紧固；轮胎是否变形、缺损或异常磨损，胎面和胎壁是否有破裂或割伤，转向轮胎冠花纹深度是否大于 3.2mm、其他轮胎花纹深度是否大于 1.6mm，胎压是否正常（图 5-14）。

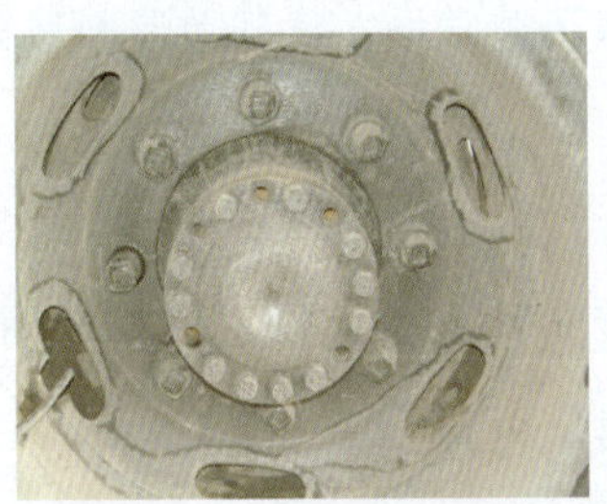

a)轮辋螺栓丢失，胎面花纹磨损严重

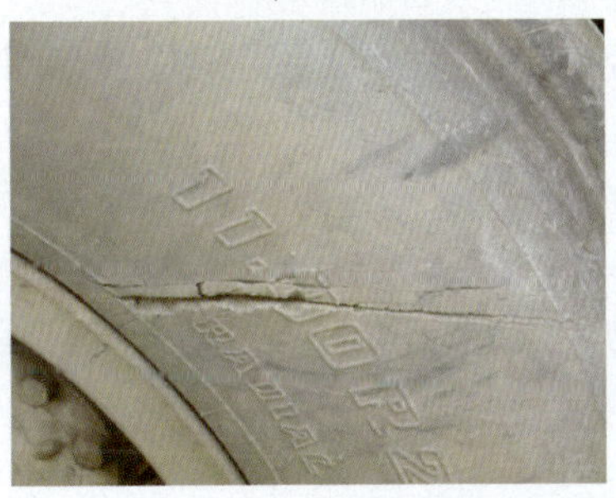

b)胎壁划痕损伤，轮胎有异常损坏

图 5-14 轮辋轮胎常见安全性能隐患

6）制动系统

检查制动系统是否工作可靠（图 5-15），各制动机构、制动管道、接头软管等有无漏油、漏气、松动和摩擦干涉等现象；驻车制动器操作是否灵活、有效、可靠。

图 5—15　制动器安全隐患（车轴润滑脂渗入使制动器制动失效）

7）转向系统

检查转向机支架有无裂纹和松动，转向臂、直拉杆、转向节臂是否紧固，横直拉杆球头、节头是否松动，各种开口销是否齐全有效。

8）传动系统

检查各部件连接螺栓、螺母是否松旷，过桥轴承支架是否牢固可靠等。

2 出车时随车携带证照及要求

危险货物运输车辆运输危险货物上道路行驶前，驾驶人或押运员要随车携带以下证照资料。

1）随车人员证照及要求

驾驶人《驾驶证》上签注的准驾车型要与实车相符，《从业资格证》在签注的有效期内；押运员《从业资格证》在签注有效期内。使用移动压力容器的车辆随车人员还要具有《特种设备作业人员证》(图 5–16)。

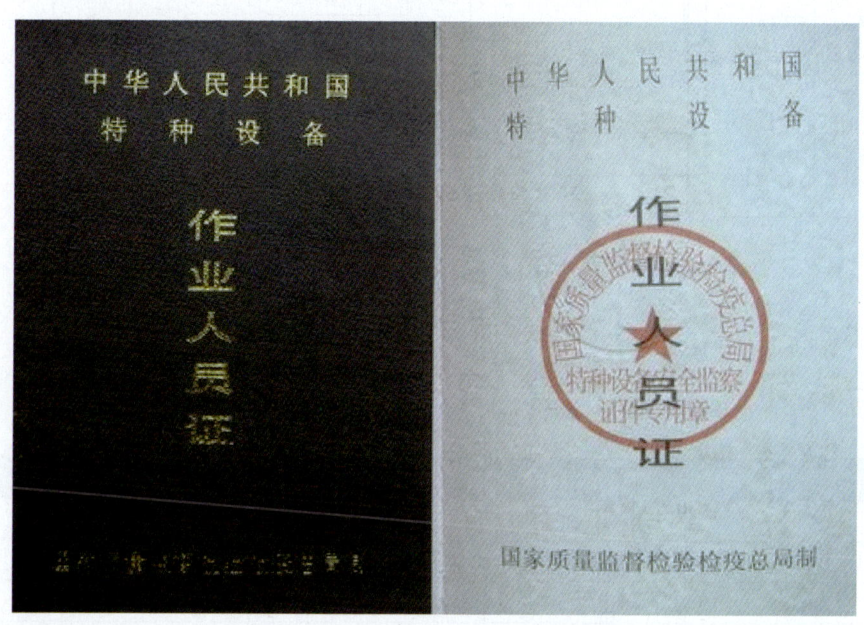

图 5–16 特种设备作业人员证

2）运输车辆证照及要求

车辆《行驶证》在有效期内，签注的使用性质应为“危险品运输”；车辆安全技术检验合格标志、强制保险标志在有效期内；《道路运输证》在有效期内，签注的经营范围要包括所运输介质；车辆维修备案登记卡签注的车辆技术等级必须为一级（图 5–17）。使用移动压力容器的车辆还要携带《特种设备使用登记证》和电子记录卡、液面计指示值与液体容积对照表或者温度和压力对照表（表 5–8）、移动式压力容器装卸记录、事故应急专项预案，其中《特种设备使用登记证》签注的检验合格标记及安全附件、承压附件的检验记录在有效期内（图 5–18）。

车辆审验及技术等级记录	
有效期至 年 月 日	有效期至 年 月 日
有效期至 年 月 日	有效期至 年 月 日

违 章 记 录

图 5-17 车辆维修备案登记卡签注技术等级为一级

移动式压力容器检验情况					
检验日期	检验单位	检验种类	安全状况等级	下次检验日期	检验员

安全附件及承压附件检验记录				
检验日期				
安全阀校验记录				
爆破片更换记录				
紧急切断阀				
液面计				
压力表				
承压阀门				
其他附件				
检验员				

图 5-18 特种设备使用登记证在有效期内

36.2m³、1.1MPa 罐车液位对照表（SDY 9406 GDYN） 表 5-8

介质密度按 8000kg/m³ 进行计算

液位计读数（mmH_2O）	液氮容积（L）	液位计读数（mmH_2O）	液氮容积（L）
50.0	298	750.0	15 628
100.0	844	800.0	17 013
150.0	1 545	900.0	19 791
200.0	2 367	950.0	21 174
250.0	3 290	1 000.0	22 544
300.0	4 297	1 050.0	23 897
350.0	5 377	1 100.0	25 228
400.0	6 519	1 150.0	26 529
450.0	7 715	1 200.0	27 796
500.0	8 957	1 250.0	29 021
550.0	1 0238	1 300.0	30 197
600.0	1 1551	1 350.0	31 316
650.0	1 2891	1 400.0	32 368
700.0	1 4252	1 450.0	33 344

3）道路运输危险货物安全卡

危险货物运输车辆上道路行驶前，必须携带道路运输危险货物安全卡。

安全提示

当危险货物运输车辆发生紧急情况后，驾驶人或押运员在撤离驾驶室时要携带道路运输危险货物安全卡，作为开展后续救援活动的指导文件。

4）特殊货物运输通行证管理

运输剧毒化学品、民用爆炸品、烟花爆竹的，还需要随车携带道路运输通行证。

综上所述，危险货物运输车辆上路行驶前应携带主要证照资料见表5-9。

危险货物运输车辆上路行驶携带主要证照资料清单　　表5-9

序号	项　目	证照资料	检查要点
1	驾驶人	驾驶证	准驾资质与车辆相符
2		从业资格证	在有效期内
3	押运员	从业资格证	在有效期内
4	具有移动压力容器车辆随车人员	特种设备作业人员证	在有效期内
5	运输车辆	机动车行驶证	使用性质为危化品运输
6		年检合格标志	在有效期内
7		强制保险标志	在有效期内
8		道路运输证	经营范围要包括运输介质；维修备案登记卡签注车辆技术等级为一级
9	具有移动压力容器的运输车辆	特种设备使用登记证和电子记录卡	检验记录在有效期内
10		液面计指示值与液体容积对照表（或温度和压力对照表）	与运输介质相符
11		装卸记录	与运输介质相符
12		事故应急专项预案	与运输介质相符
13	应急救援	危险货物运输安全卡	与运输介质相符
14	剧毒化学品运输车辆	剧毒化学品道路运输通行证	与运输介质相符
15	民用爆炸物品运输车辆	民用爆炸物品运输许可证	与运输介质相符
16	烟花爆竹运输车辆	烟花爆竹道路运输许可证	与运输介质相符

3 驾驶人和押运员行车安全注意事项

根据《中华人民共和国刑法修正案（九）》《道路交通安全法》《汽车运输装卸危险货物作业规程》（JT 618—2004）等的规定，危险货物运输车辆运行过程中，应按照危险化学品安全管理规定运输危险化学品，驾驶人要按照既定的行车线路、车速、临时停车点运行，严格遵守道路交通安全管理法律法规以及运行路段的交通指示标志运行。

小知识

《中华人民共和国刑法修正案（九）》在刑法第一百三十三条之一中规定：在道路上驾驶机动车，违反危险化学品安全管理规定运输危险化学品，危及公共安全的，处拘役，并处罚金。机动车所有人、管理人对上述行为负有直接责任的，依照前款的规定处罚。

1）行驶路线

运送剧毒化学品、民用爆炸物品、烟花爆竹等有规定运行线路和时间的危险货物运输车辆，要按照既定的路线和时间运行，不得随意改变（图 5–19）。对于未明确划定运行路线和时间的危险货物运输车辆，要按照行驶道路上的标志标线的要求（图 5–20），不得进入危险货物运输车辆禁止通行区域，同时尽量避开人口稠密地区、居住区或临水临崖等危险路段。

禁行范围	
珠海大道（广澳高速南屏收费站以东路段）、南湾大道、南琴路以及横琴新区全部范围	
禁行车型	禁行时间
剧毒化学品运输车、危险品运输车禁行（包括已办通行证的）	14:00 ~ 23:00

图 5–19　危险货物运输车禁行管制

2）车速控制

危险货物运输车高速公路行驶车速应控制在 80km/h 以内，并确认有足够的安全行车距离，其他道路行驶车速一般应不超过 60km/h。在有道路限速标志车道行驶时，应当按照运行路段的限速标志标明的车速行驶（图 5-21）。如遇有雨天、雪天、雾天等恶劣天气时，最高车速不应超过 20km/h，并打开危险警示灯，警示后车，防止发生追尾事故。

图 5-20 危险货物运输车禁行标志牌

图 5-21 高速公路危险货物运输车辆限速标志牌

小知识

危险货物运输车辆在高速、城市快速路上超速 20% 以上或其他道路超速 50% 以上的 1 次记 12 分；在高速公路、城市快速路上超速未达 20%，其他道路上超过 20% 未达 50% 的 1 次记 6 分；在高速公路、城市快速路以外的其他道路上超速未达 20% 的 1 次记 3 分。

3）疲劳驾驶

危险货物运输车辆驾驶人连续驾驶时间不能超过 4h，每次停车休息时间不小于 20min，全天总计驾驶时间不能超过 8h。在夜间驾驶人容易疲劳，连续驾驶时间最好不超过 2h。

4）临时停车

危险货物运输途中，驾驶人不得随意停车。需要临时停车的，应停靠在停车场或服务区，因住宿或者发生影响正常运输情况需要较长时间停车的，驾驶人和押运员应当在车辆周围设置警戒带，采取相应的安全防范措施。遇有雷雨天气需要停车避雨的，应选择安全地点停放，不得在树下、电线杆、高压线、铁塔、高层建筑及容易遭到雷击和产生火花的地点停车。对于运输剧毒化学品或者易制爆危险化学品的车辆，临时停靠时要安排专人值守，需要较长时间停车的，驾驶人或押运员要向当地公安机关报告。

5）安全检查

危险货物运输过程中，驾驶人和押运员要每隔 2h 停车检查一次。如果发现危险货物损失（如丢失、泄漏）的，要按照应急预案或相关法规的规定，及时联系当地有关部门予以处理。

6）特殊天气安全行车

在雨、雪、雾等特殊天气下，地面湿滑，能见度低，容易发生事故。危险货物运输车辆在高速公路上行驶，遇有雾、雨、雪、沙尘、冰雹等低能见度气象条件时，应当遵守下列规定：

（1）能见度小于 200m 时，开启雾灯、近光灯、示廓灯和前后位灯，车速不得超过 60km/h，与同车道前车保持 100m 以上的距离；

（2）能见度小于 100m 时，开启雾灯、近光灯、示廓灯和前后位灯和危险报警闪光灯，车速不得超过 40km/h，与同车道前车保持 50m 以上的距离；

（3）能见度小于 50m 时，开启雾灯、近光灯、示廓灯和前后位灯和危险报警闪光灯，车速不得超过 20km/h，并从最近的出口尽快驶离高速公路。

另外，在行车过程中驾驶人还要注意以下几点：

（1）禁止强行超车、会车。

（2）尽量避免急加速或紧急制动，防止罐体和货物重心偏移，影响制动性能和其他操纵性能。

（3）转弯时车辆应减速，防止离心力过大，出现侧滑、侧翻事故。

（4）通过隧道、涵洞、立交桥时，要注意标高、限速标志提醒，保持车距，打开车灯，注意不得随意变道、超车。

（5）遇有泥泞、冰冻、颠簸、狭窄及山崖等路段时，要低速缓慢行驶，防止车辆侧滑、打滑及货物剧烈振动等。

第五节　紧急情况应急处置

在危险货物运输过程中，发生燃烧、爆炸、污染、中毒或者被盗、丢失、流散、泄漏等事故，驾驶人或押运员要立即根据应急预案和《道路运输危险货物安全卡》的要求采取应急处置措施，向事故发生地公安交通管理部门、交通运输主管部门和本运输企业或单位报告。在应急处置过程中，驾驶人和押运员要注意停车安全、合理设置警戒区域，避免发生次生事故。

1 驾驶人紧急情况停车注意事项

当出现车辆故障、危险货物泄漏或着火等紧急情况，需要紧急停车的，驾驶人应注意以下几点：

（1）尽可能将车辆停至公路或高速公路的右边允许临时停车的地方，如安全岛、右侧路肩、应急车道等。

（2）避免在人群集中的地方、水源地、重要建筑物附近停车，如学校、加油站、高压电线、桥梁隧道、水库等。

（3）阴雨天气，不可将车辆停在树下、电线杆、高压线、铁塔等容易遭到雷击产生火花的地点。

（4）车停稳后，要迅速关闭电源总开关，开启危险报警闪光灯，夜间还要开启示廓灯、后位灯。

（5）在车辆后方同车道的 50m 至 100m 处设置警告标志，高速公路应在 150m 外设置警告标志（图 5–22 和图 5–23）。

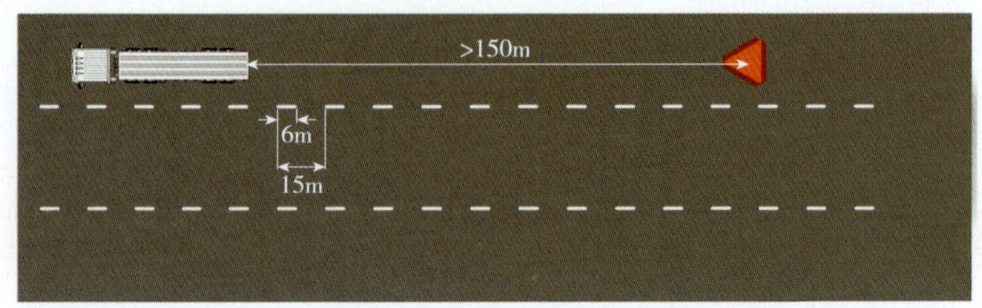

图 5–22　高速公路停车应在来车方向 150m 外设置警告标志

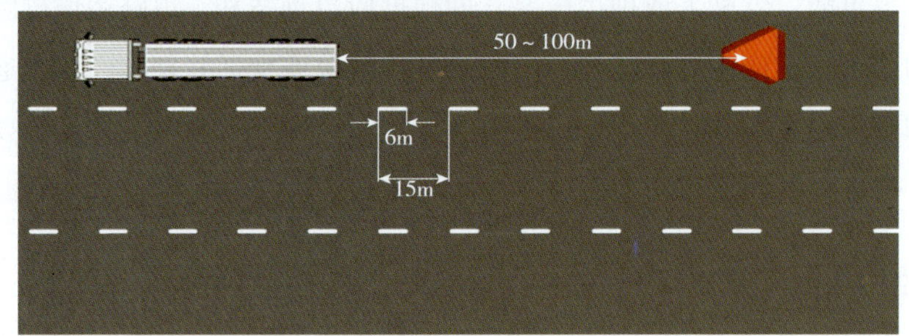

图 5–23　其他道路停车应在车辆后方 50m 至 100m 处设置警告标志

另外，遇明火或受热易燃易爆的危险货物运输车辆，还要严禁靠近一切火源或使用火源的地方停车。

注意：高速和一级公路白实线长度一般为 6m，间距一般为 9m，即两个白实线之间的距离为 15m；二级公路白实线长度一般为 4m，间距一般为 6m，两个白实线之间的距离为 10m。

2 事故现场警戒区域设置原则

由于危险货物的危险性和特殊性，在发生泄漏、着火事故时，驾驶人和押运员要根据危险货物的爆炸、燃烧、腐蚀、剧毒、放射等不同危险特性设置初始隔离区，快速疏散隔离区内的无关人员，将人员撤离到事故隔离区的上风处，以便在等待专业救援人员到达现场前，供公安交管、卫生急救等现场应急人员做应急参考。如果运输的危险货物危险性较高，如剧毒气体等，还要告知现场救援人员在下风向处设置防护区，尽快疏散危险货物可能影响区域的人员。

需要注意的是，目前国内还没有事故隔离区、防护区设置范围的规范或其他详细资料，运输企业要根据危险货物的危险特性，制定发生危险货物泄漏或着火事故后隔离区、防护区设置范围、设置方法的应急预案。

3 遇有紧急情况的报警流程

发生紧急情况或事故时，人员应转移至安全警戒区外的上风处报警求助，电话如下：

（1）拨打报警电话 122、110 等报警电话。

（2）发生火灾的拨打电话 119。

（3）有人员伤亡的拨打电话 120。

（4）拨打所在运输企业、单位以及相关人员电话，获取救助指导。

（5）必要时，还可以拨打国家化学事故应急响应专线电话：0532-83889090，或者化学品安全技术说明书（SDS）上的（化学品供应商）应急电话，咨询化学品理化性质、泄漏处置、工程抢险、中毒急救和个体防护等施救信息。

拨打报警电话时要说明以下信息：

（1）事故发生的具体地点。

（2）事故类型及危险货物泄漏、着火等情况。

（3）装运的危险货物品名、数量及危险特征。

（4）车辆周围交通环境。

（5）估计事故影响范围等。

4 几种常见紧急情况及防范措施

火灾和气体泄漏是危险货物运输车辆最常见的两类事故形态，这些事故也通常会造成重大的人员和财产损失，以下作简要介绍。

1）常见火灾事故及防范措施

（1）明火火灾。产生原因：易燃易爆危险货物运输过程中遇到火焰、火星、电弧、灼热等明火时，容易引起燃爆事故。防范措施：禁止任何明火靠近运输车辆，驾驶人和押运员不能在车上吸烟，不使用火柴、打火机、明火照明，禁止使用金属物敲打、撞击罐体或货物等（图 5–24）。

图 5–24 运输易燃易爆物品车辆明火事故防范措施标志

（2）电器火灾。产生原因：车辆电气设备接触不良或电线短路时会产生电火花，这些电火花能引起易燃气体、蒸气和粉尘着火或爆炸。另外擅自改装车辆电路或加装电气设备，也会导致电路负荷过大、发热引起火灾。防范措施：定期检查车辆电源和线路，及时更换老化线路和用电装置，同时做到不擅自加装或改装车辆原有的线路。

（3）轮胎着火。事故原因：车速过快、轮胎载荷过大，或者在紧急制动时车轮抱死，都会导致轮胎胎温短时间内过高，产生自燃。另外车轮轴承着火、连续制动后制动器或轮毂过热也会引燃轮胎（图 5–25）。防范措施：使用符合车辆《公告》要求的规格轮胎，并定期检查车轮总成和轮胎的安全技术性能，及时更换老化部件和轮胎；车辆上路行驶时，不超载运输、不超速行驶，合理控制车速，尽可能减少长时间连续制动等情形。

图 5–25　重型车辆轮胎着火事故

（4）交通事故次生火灾事故。产生原因：发生交通事故时因摩擦和冲击会引起爆炸物质、氧化性物质、易燃气体、蒸气或粉尘发生再爆炸事故；或者因交通事故引发气体危险货物外泄后，遇明火发生火灾事故（图 5–26）。防范措施：上道路行驶前，驾驶人或押运员要检查确认车辆紧急切断阀等管路阀门处于关闭状态；行驶过程时，驾驶人要严格按照规定路线运行，不超速驾驶或疲劳驾驶。

图 5–26　甲醛罐车因车辆侧翻起火

（5）静电放电。产生原因：车辆运行过程中，轮胎与地面、货物与罐体之间摩擦会产生静电电荷，静电电荷累积放电时会形成电火花引起火灾事故。防范措施：车辆在运行过程中，要确保导静电橡胶接地装置能可靠接地。

另外，一些危险货物还能与空气、水发生反应，引发自燃或着火事故，如黄磷会在空气中氧化自燃，钾、钠、电石与水作用能生成可燃气体而着火。因此运输这类危险货物时要有针对性的做好隔离包装。

2）常见气体泄漏事故及防范措施

（1）交通事故。产生原因：交通事故导致罐体及相关管路阀门、气瓶等包装物破损，引发气体危险货物外泄（图 5-27）。防范措施：出车前，驾驶人或押运员要确保车上罐体紧急切断阀等管路阀门处于关闭状态；在道路行驶中，驾驶人要严格按照规定的路线运行、不超速驾驶或疲劳驾驶。

图 5-27　液化气罐车装卸料管路因刮擦破损事故导致液化气泄漏

（2）机械故障。产生原因：机械故障或设备老化也会引起罐体阀门失效、设备锈蚀、管路连接松动等，引发气体危险货物外泄（图 5-28）。防范措施：定期检查罐体阀门管路，及时更换老化、易损管路和阀门。

图 5-28 天然气罐车安全阀老化气体泄漏

5 公安交管部门应急救援处置

公安交管部门接警内容涉及爆炸物品、易燃易爆化学物品以及毒害性、放射性、腐蚀性、传染病病原体等危险物品的，应当立即通过所属公安机关报告当地人民政府，并通报有关部门及时处理；造成道路、供电、通信等设施损毁的，应当通报有关部门及时处理。

具体来讲，执勤人员遇有高速公路危险货物运输车辆事故的（其他道路可参照执行），要根据《高速公路交通应急管理程序规定》《道路交通事故现场安全防护规范 第 1 部分：高速公路》（GA/T 1044.1—2012）的要求，采取以下措施。

（1）启动高速公路交通应急管理协作机制，及时向驾驶人、押运员及其他有关人员了解运载的物品种类及可能导致的后果，迅速上报危险化学品种类、危害程度、是否泄漏、死伤人员及周边河流、村庄受害等情况。

（2）按要求配备必要的事故处理和应急救援装备及时赶赴现场，随车携带一定数量的反光锥形交通路标（图 5–29）、警示标志等安全防护设备（图 5–32），出勤人员穿着交通事故现场防护服。有条件的，每位出勤人员最好能携带对讲机（图 5–31）、执法记录仪（图 5–30）、防化服、防毒面具等装备。

图 5–29　反光锥形交通路标　　图 5–30　执法记录仪　　图 5–31　警用对讲机

图 5–32　事故警示标识

（3）划定警戒区域，设置警戒线，视情在距中心现场周围 1000m 外设置警示标志和隔离设施，禁止无关人员、车辆进入。必要时，高速公路应双向封闭道路。因专业施救需要移动车辆或物品时，现场勘查人员应当告知其做好标记，待险情消除后再勘查现场。严禁在险情未消除前进入现场。

（4）清理、疏散无关车辆、人员，安排事故未受伤人员至现场上风口地带；在医疗急救人员到达现场之前，组织抢救受伤人员。控制、保护肇事者和当事人，防止逃逸和其他意外的发生。

（5）确保应急车道畅通，引导医疗、救援等车辆、人员顺利出入事故现场，做好辅助性工作；救护车辆不足时，启用警车或征用过往车辆协助运送伤员到医疗急救机构。

（6）严禁在事故现场吸烟、拨打手机或使用明火等可能引起燃烧、爆炸等严重后果的行为。经环境保护、安全监管等部门及公安消防机构监测可能发生重大险情的，要立即将现场警力和救援人员撤至安全区域。

（7）解救因车辆撞击、侧翻、失火、落水、坠落而被困的人员，排除可能存在的隐患和险情，防止发生次生交通事故。

第六章

常用危险货物运输车辆安全使用和应急处置介绍

在危险货物道路运输过程中，驾驶人、押运员等从业人员熟练掌握车辆安全操作技能，保持车辆安全性能完好，正确规范地使用车辆安全附件，能够有效预防车辆事故发生，或在事故发生后及时开展救援，减少事故造成的人身伤害和财产损失。

本章选取当前道路运输活动中最常见的5种危险货物运输车型，系统介绍了运输汽柴油轻质燃油的常压金属罐车、运输高压天然气的长管拖车、运输剧毒化学品液氯的中低压金属罐车、运输低温液化天然气的低压低温金属罐车、运输民用爆炸物品的专用厢车等各类型车辆的安全技术要求、主要结构特征、附件功能、装卸货物操作流程、安全管理与使用注意事项、道路运输安全注意事项、紧急情况应对措施等内容。

第一节　汽柴油运输车辆

汽柴油轻质燃油罐车是最常见的危险货物运输车辆，国内保有量很大。此类罐车通常使用金属常压罐体，罐体材料多采用碳钢或铝合金，罐体内部工作压力小于 0.1MPa。为保障运行安全、减少环境污染、提高运输效率，近年来多数汽柴油罐车装用了油气回收装置、防溢系统，采用罐体底部密封装卸油料，装卸油料使用同一管路。相比其他常压罐车，汽柴油罐车安全附件较多，操作更为复杂。

本节以某型加油车为例，介绍此类罐车结构、安全附件功能、安全使用、应急处置等方面的内容。

1 整车

1）车辆结构

罐体与底盘车架用螺栓固定连接，罐体顶部有防倾覆保护装置，罐体后封头及其管路与后下部安全防护装置距离大于 150mm，排气管要安装在罐体前端面之前、不高于车辆纵梁上平面区域。罐车结构见图 6-1 ~ 图 6-3。

图 6-1　装卸箱和气动控制箱

图 6-2　装卸箱和气动控制箱箱内视图

图 6-3 汽油罐车主要安保件

2）外观标识

车辆安装标志灯、标志牌，罐体粘贴橙色反光带、车身反光标识，罐体上喷涂运输介质和罐体容积，驾驶室外侧喷涂了罐车额定总质量。

3）行车安全装置

车辆安装了防抱死制动装置、具有卫星定位功能的行驶记录仪，装备前轮盘式制动器、缓速器辅助制动装置，所有车轮装用子午线轮胎，整车配备限速装置。

4）消防装置

车辆配置了干粉灭火器等消防设施、排气火花熄灭装置、导静电橡胶接地装置。

5）罐体安全附件

罐车罐体安装了紧急切断装置、呼吸阀、人孔盖等安全附件。

另外，为保证装卸安全，罐车还配置了导静电接地卷盘、油气回收装置、防溢出安全装置、装卸用耦合阀（API）等。

汽柴油罐车安全装置及其安装位置见图 6-4。

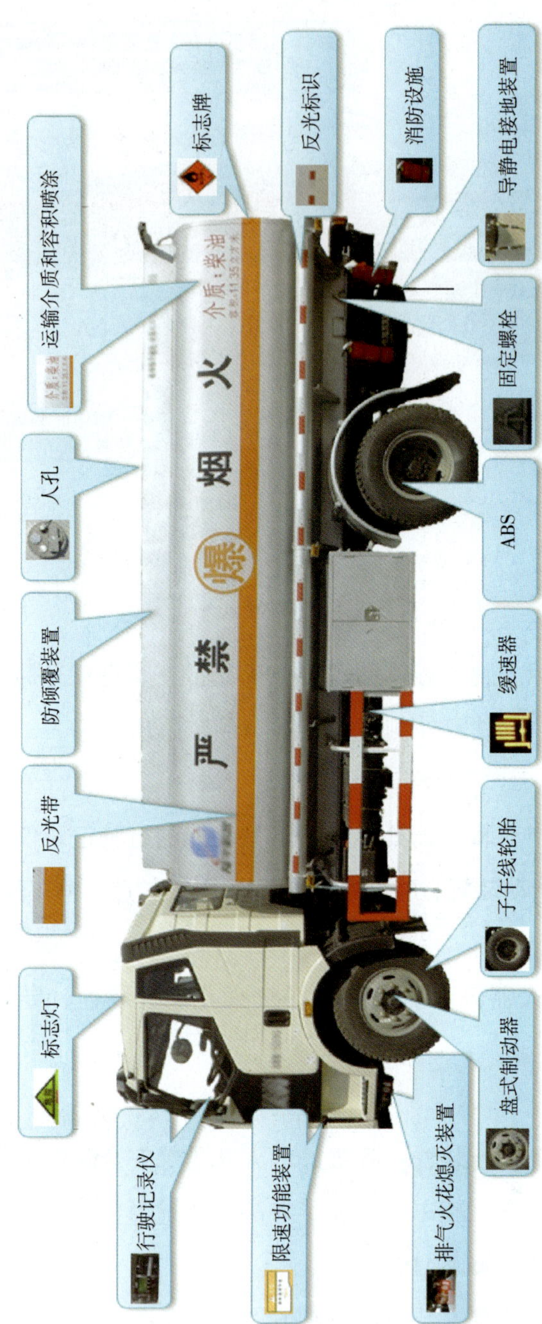

图 6-4　汽柴油罐车安全装置及其安装位置

2 罐体安全附件功能

1）油气回收装置

油气回收装置一般由油气回收阀（图 6–5）、控制装置、接口组成（图 6–6）。油气回收阀通常设置在罐体顶部，控制装置和接口设置在操作箱内。安装油气回收装置的罐车能够在装卸油料过程中实现全封闭的气体回收，防止油气向大气挥发污染环境。目前多数汽柴油罐车安装了油气回收装置，此类罐车能通过罐体底部同一管路全封闭装卸汽柴油，不用打开人孔盖平衡罐内压力，装卸汽柴油的安全性、效率更高。

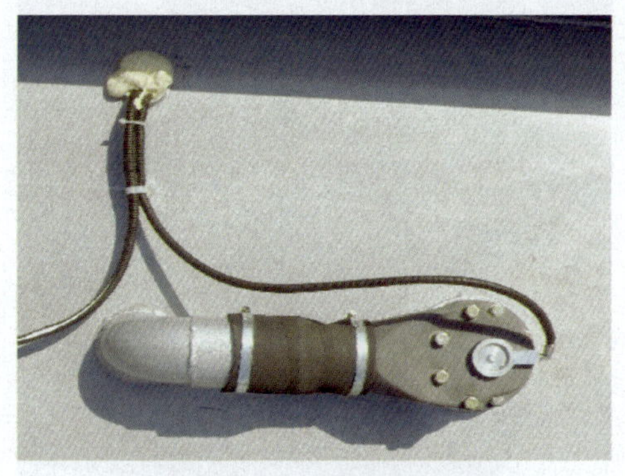

图 6–5 罐顶油气回收阀

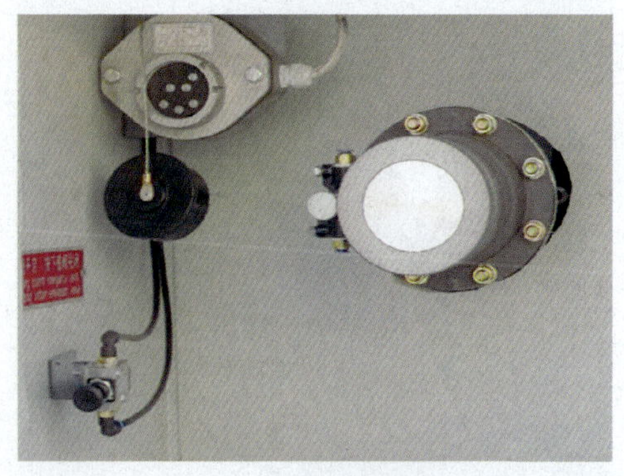

图 6–6 操作箱内的接口和控制装置

油气回收装置需要同紧急切断阀同时工作，为防止误操作，一些罐车的紧急切断阀和油气回收装置使用同一控制装置，实现紧急切断阀、油气回收装置的同时启闭。

2）防溢出装置

防溢出装置由汽柴油液面探针和控制系统组成。汽柴油液面探针（图 6–7）一般集成安装在罐体顶部的人孔盖内（图 6–8），控制系统多数设置在装卸料操作箱内。装料前，要将防溢出装置的控制系统连接到油库泵油控

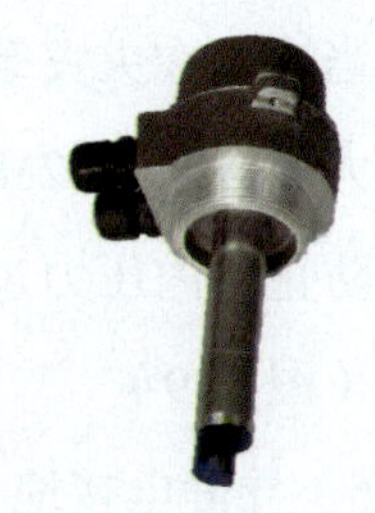

图 6–7 罐顶液面探针

制装置；装料时，防溢出装置的液面探针实时监测罐体内装油量，当罐内液面与探针接触时，说明装载量已达到罐体最大装载量，防溢出装置将自动控制油库的油泵停止装料。

3）呼吸阀

汽柴油罐车还必须安装呼吸阀（图 6-9）。呼吸阀由进气阀和出气阀两部分组成，主要用于平衡罐内与外界的压力。当罐内压力高于外界压力 6kPa ~ 8kPa 时，出气阀打开排气减压；当罐内压力低于罐外大气压 2kPa ~ 3kPa 时，进气阀自动打开吸气增压。

图 6-8　人孔盖集成安装的安全附件

图 6-9　呼吸阀、紧急泄放装置

4）紧急泄放装置

当罐车在火灾等高温环境中，呼吸阀排气减压效率不足导致罐内压力急剧升高到大于等于 0.02MPa 时，紧急泄放阀会自动打开，实现快速排气减少罐内部压力，防止罐内压力过高损毁罐体。通常，紧急泄放装置、呼吸阀集成安装在人孔盖内（图 6-9）。

5）导静电接地卷盘

多数油罐车车架两侧装有导静电接地卷盘（图 6-10）。装卸油料时，将接地卷盘连接到油库内的导静电装置，能够及时将装卸油料摩擦产生的静电导入地面。

6）API 装卸阀及密封盖

API 装卸阀的通用性、密封性好，目前多数油罐车的装卸阀采用 API 阀（图 6–11）。

图 6–10　导静电接地卷盘

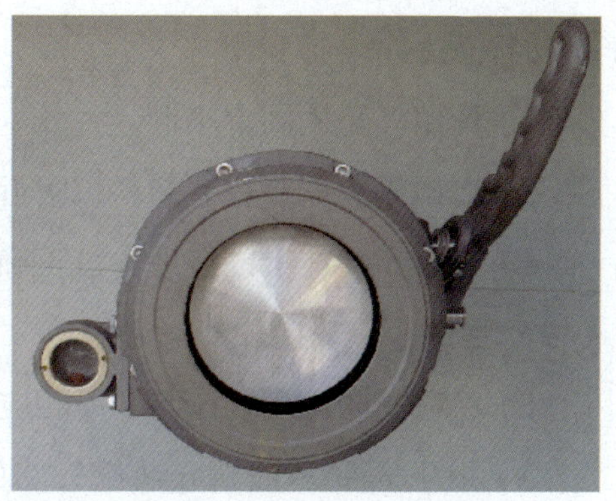

图 6–11　API 装卸阀

7）输油软管

输油软管是罐车的随车设备（图 6–12），在装卸油料时可通过输油软管接头将罐体与油库连接（图 6–13）。

图 6–12　输油软管装车位置

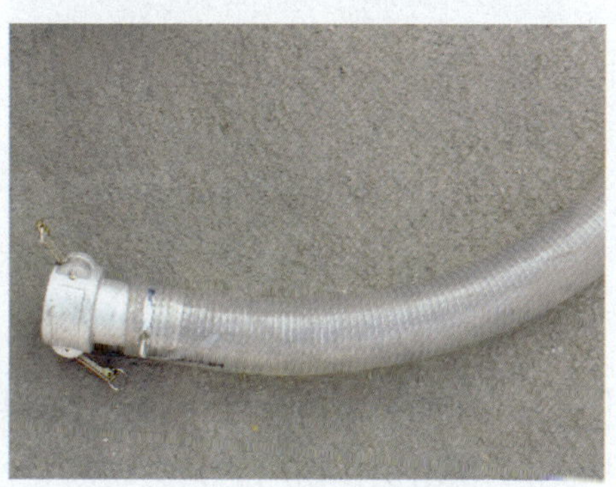

图 6–13　输油软管接头

3 装卸油料主要操作流程

对于不同规格型号的汽柴油罐车，在装卸油料前要仔细阅读车辆使用说明书，严格按照车辆使用说明书的要求执行。

1）装卸油料准备工作

（1）将车辆停放在装（卸）站指定的作业地点，熄灭发动机，将罐车处于驻车制动状态。

（2）使用三角木固定车辆。

（3）取出灭火器放在装卸料口附近便于快速取用位置。

（4）将罐车罐体上的接地卷盘正确接到油库内的导静电装置。

2）装油料

（1）将罐车防溢出插座与油库相应装置对接。

（2）取下需要装油料仓装卸管路的 API 阀盖（图 6-14），将装油鹤管（图 6-15）与 API 阀对接可靠，向外拉操作手柄打开 API 阀。

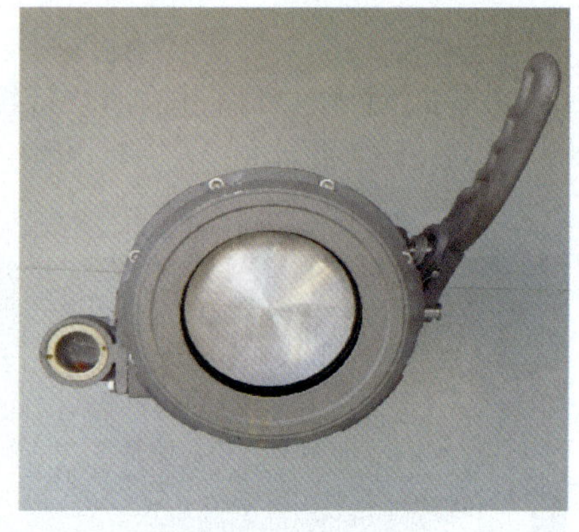

图 6-14　用操作手柄打开 API 阀

图 6-15　装油鹤管

（3）将罐车的油气回收接头与油库的油气回收管路接头相连接（图 6-16）。

（4）拉出操作箱内的紧急切断装置气动控制按钮（图 6-17），同时打开油气回收装置和罐体底部的紧急切断阀。

图 6–16　油库的油气回收管路接头

图 6–17　拉出操作箱内气动控制按钮

（5）开始装油。常压金属罐体的最大装油量一般为罐体容积的 90% ~ 95%，但不能超过罐体额定充装量（图 6–18）。

图 6–18　最大充装量可参考罐体喷涂容积

（6）结束装油后，首先按下操作箱内的紧急切断装置的气动控制按钮（图 6–19），关闭紧急切断阀和油气回收控制装置；然后向里推操作手柄关闭 API 阀（图 6–20），卸下装油鹤管，盖上 API 阀盖。

图 6–19　按下操作箱内的气动控制按钮

图 6–20　用操作手柄关闭 API 阀

（7）取下油库的油气回收管路接头，盖好防尘盖。

（8）取下罐体防溢出对接接头，盖好防尘盖。

（9）将灭火器放入指定位置，收回导静电接地卷盘和输油软管（图 6–21）。

图 6-21　收回安全装置和输油软管，放入原位置

3）卸油料

（1）取下待卸油料仓装卸管路的 API 阀盖，将输料软管与 API 阀对接可靠，通过手柄打开 API 阀门。

（2）将罐车的油气回收接头与油库的油气回收管路接头相连接。

（3）拉出操作箱内的紧急切断装置气动控制按钮，同时打开油气回收装置和紧急切断阀。

（4）卸油完毕后，首先按下操作箱内的紧急切断阀气动控制按钮，关闭罐体紧急切断阀和油气控制装置；然后通过操作手柄关闭 API 阀门，卸下输料软管，盖上 API 阀盖。

（5）取下油库的油气回收管路接头，盖好防尘盖。

安全提示

(1) 对于未安装油气回收装置的罐车，装卸油料前必须打开罐顶的人孔盖，以免装卸油料时罐体内压力或真空度变化过大而损坏罐体；装卸油料后及时关闭人孔盖，拧紧加料孔盖的压紧螺母。

(2) 装卸油料过程中，发生紧急情况时要立即停止所有的操作，迅速就近关闭罐车紧急切断阀。

（6）将灭火器、输油料软管放入指定位置，收回导静电接地卷盘。

4 安全管理和使用注意事项

汽柴油轻质燃油罐车在投入使用前，车辆应经过安全技术检验，车辆罐体也要经过质检部门授权的检验机构检验，获得检验合格证明，申请取得车辆《行驶证》、危险货物《道路运输证》。使用过程中，车辆《行驶证》、危险货物《道路运输证》以及车辆安全技术检验合格标志、强制保险标志、罐体检验合格证明要在有效期内。

使用时还需特别注意：

（1）罐体必须专用，不得改装其他介质。

（2）在装运过程中严禁敲击或碰撞罐体。

（3）日常使用过程中，应经常检查罐体的操作仓、安全仓的阀门、管路、接头处有无松动现象。

（4）发现罐体外观有明显损伤的要立即进行安全检验，不使用附件损坏、不全或不符合规定的罐体。

5 运输过程中的安全注意事项

汽柴油运输车辆在运输过程中要注意以下事项：

（1）上道路行驶前，驾驶人或押运员要对车辆进行安全检查。重点确认所有装卸阀门管路、紧急切断阀、人孔盖处于关闭状态，各阀门管路没有渗漏现象，导静电橡胶接地装置要可靠接地等。检查随车证照资料齐全有效。

（2）运输过程中，驾驶人不得超速驾驶、疲劳驾驶车辆，不进入危险品运输车辆限制通行的区域，不在有明火地方通行或行驶；在转弯、长下坡、隧道、桥梁及气象条件差的道路环境行车时要降低车速，防止发生侧翻、碰撞等事故。

（3）运输途中，驾驶人不得随意停车，需要临时停车的，应停靠在停车场或服务区，因住宿或者发生影响正常运输的情况需要较长时间停车的，驾驶人、押运人员应当设置警戒带，采取相应的安全防范措施。

6 紧急情况应急处置

1）柴油危险特性

（1）高度易燃，受热后遇火花或明火极易点燃。

（2）蒸气密度比空气密度大，沿地面扩散将积聚在地势低洼点，可形成爆炸性混合物。

（3）泄漏到下水道、排水管等密闭空间后有燃烧和爆炸危险。

（4）罐体受热有爆炸危险。

2）泄漏事故应急处置

（1）按照本书第五章第五节要求停车。

（2）设置安全警戒区：

①在高速公路发生泄漏事故的，在事故车辆后来车方向的150m以外设置警告标志；其他公路警告标志设置在事故车辆后来车方向的50m ~ 100m处。

②用反光锥桶、反光带在事故车辆周围50m范围内建立初始隔离区。

③疏散隔离区内无关人员，撤离人员停留在事故车辆上风处。

（3）按照本书第五章第五节要求报警。

（4）救援处置：

①救援人员应佩戴正压式呼吸器和消防防护服，站在事故车辆上风处，在确保安全的前提下堵漏。

②使用堵漏垫、堵漏楔、堵漏带、堵漏胶等专用工具进行封堵，或使用木楔子、堵漏器或卡箍阀堵漏。

③根据现场泄漏状况，可随后进一步采用高标号速凝水泥覆盖法暂时封堵。

④在堵漏的同时，使用防爆泵或其他能保证安全的措施对罐内剩余介质进行转移处置。

⑤采用覆盖或筑堤的方式防止泄漏柴油进入排水道、下水道或其他封闭区域。

⑥对于少量泄漏的，用沙土或其他吸附材料吸收，收集到干燥、洁净、有盖的容器内。

⑦对于大量泄漏的，可以沿下风方向扩大初始隔离区至300m，构筑围堤或挖坑收集泄漏物，用泡沫覆盖泄漏物，抑制其蒸发，用防爆泵转移至其他专用容器内。

⑧向罐体喷洒雾状水以降低燃油蒸气的生成。

（5）救援注意事项：

①消除泄漏区火源，在泄漏区附近严禁吸烟、点火、一切可能产生火花的操作或其他任何形式明火。

②所有处理事故设备必须接地。

③禁止使用会产生火星的金属器材。

④事故车辆附近100m内禁止开启电器开关或无线电通信设备（如手机、对讲机）。

3）着火事故应急处置

（1）按照本书第五章第五节要求安全停车。

（2）按照本书第五章第五节要求报警。

（3）救援处置：

①救援人员应佩戴正压式呼吸器和消防防护服，站在事故车辆上风处开展救援。

②车辆着火而货物未着火时，若是汽车列车牵引车着火的，立即进行主挂车分离操作；用大量的水火火，无水可使用二氧化碳或干粉灭火器。

③货物着火时，火势较小的可用干式化学灭火器、二氧化碳灭火器或通用泡沫灭火剂灭火；火势较大的，用水幕、水雾或通用泡沫灭火器灭火。

（4）救援注意事项：

①灭火时要使用水幕或水雾，不能用水流直接喷射灭火。

②灭火时要与火源保持尽可能大的距离或用遥控水枪。

③使用大量流水冷却容器，直到火完全熄灭。

④如果罐体安全阀发出响声或罐体变色，救援人员应迅速撤离。

⑤尽量远离被大火吞没的罐体。

⑥对于燃烧剧烈的大火使用遥控水枪或者水炮；如果没有该类设备，撤离燃烧现场，让其自行燃尽。

（5）设置安全警戒区。用反光锥桶、反光带在事故车辆周围 800m 范围内建立初始隔离区。

第二节　高压气体运输车辆

国内高压气体运输车多指长管拖车，主要用来运输经过高压处理的天然气、氢气、氧气等气体。在标准状况下，长管拖车气瓶内压力高达 20MPa，运输效率高，同时由于装卸操作方便，近年来国内长管拖车保有量增长较快。

1 长管拖车基本结构

长管拖车一般是将几个或十几个无缝气瓶组成的管束固定在半挂车底盘上（图 6-22）。根据气瓶约束形式和材质区分，车辆类型有管束式、捆绑式（图 6-23）和纤维缠绕气瓶式（图 6-24）。纤维缠绕气瓶内胆是钢制气瓶，气瓶外壁缠绕了玻璃纤维，整体质量相对较轻，同时在气瓶管束外侧加装了集装箱箱体，避免缠绕气瓶暴露在外部环境中，防止缠绕气瓶的玻璃纤维老化。

本书以某型捆绑式高压气体（天然气）运输半挂车为例，介绍此类车辆的安全使用要求。其他车型可根据载运介质或使用需要进行适当调整。

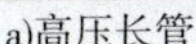

a)高压长管

b)框架式管束

c)车辆底盘

图 6-22 长管拖车整车结构（框架式）

图 6-23 捆绑式长管拖车

图 6-24 纤维缠绕气瓶长管拖车

2 车辆安全技术条件

捆绑式长管拖车安全装置及其安装位置见图 6-25。

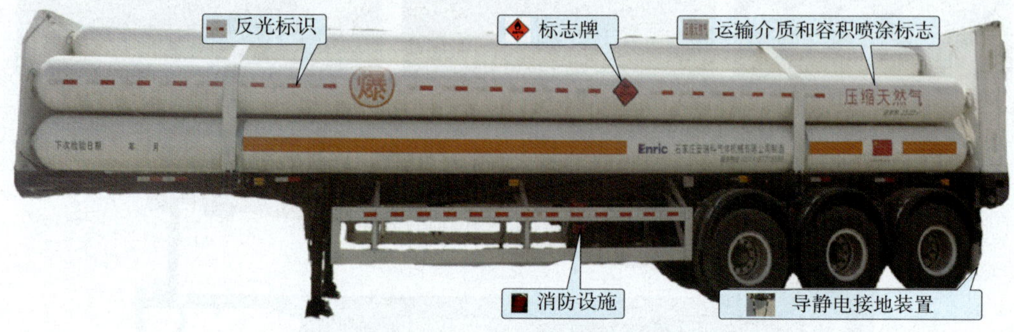

图 6-25　捆绑式长管拖车安全装置及其安装位置

1）结构要求

长管约束管束要与车架用螺栓固定连接，后封头及其管路与后下部防护装置距离大于 150mm。

2）外观标识

挂车安装标志牌，粘贴橙色反光带、车身反光标识，气瓶喷涂运输介质和气瓶容积。

3）安全装置

配置灭火器等消防设施、安装导静电橡胶接地装置。

3 车辆部件及其功能

捆绑式长管拖车由捆绑管束和行驶机构组成。捆绑管束是车辆的专用功能部件，一般由捆绑带、大容积无缝钢瓶、前端安全仓、后端操作仓组成（图 6-26）。

图 6–26 捆绑式长管拖车车辆结构

1）前端安全仓

安全仓设置在捆绑管束前部，由前端爆破片和排空管组成。当高压气瓶内因火灾等原因压力过高时，前端爆破片爆破，气瓶内气体可通过排气管泄压，防止气瓶压力持续升高引起气瓶爆炸。

2）后端操作仓

后端操作仓在捆绑管束后部，集中了气体进出管路、安全泄放管路和排污管路（图 6–27）。

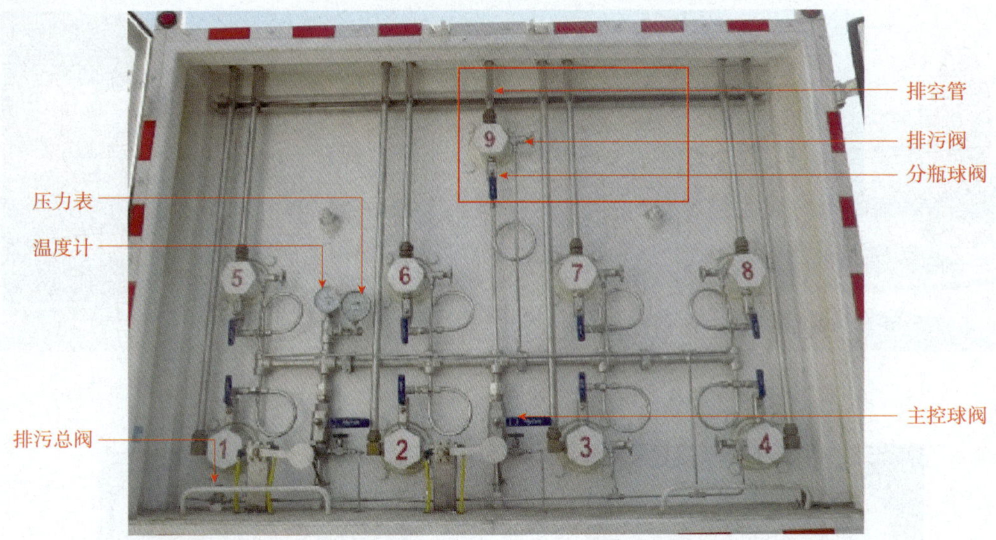

图 6–27　操作仓管路图

（1）气体进出管路。由分瓶球阀、弯管、汇总管、温度计、压力表、主控阀及快装接头组成。每个分动球阀对应控制一个气瓶开关，气体进出气瓶时，要经过弯管、汇总管及主控阀等管路，通过快装接头与外部容器联通。压力表和温度计连接汇总管，在装卸货物时用于监测汇总管温度和压力。

（2）安全泄放管路。由后端爆破片安全装置和排气管组成。当气瓶内因火灾等原因压力过高时，后端爆破片爆破，气瓶内气体通过排气管泄压，防止压力持续升高引起气瓶爆炸。

（3）排污管路。由每个瓶排污阀、排污汇流管及排污总阀组成。排污管路用来排除气瓶内气体杂质。

4 装卸高压气体主要操作流程

对于不同规格型号的长管拖车，在装卸高压气体前要仔细阅读车辆使用说明书，严格按照车辆使用说明书的要求操作。

1）装卸高压气体准备

（1）将车辆停放在装（卸）站指定的作业地点，熄灭牵引车发动机，使车辆处于驻车制动状态。

（2）用三角木固定车辆。

（3）打开后操作箱门，挂好风钩。

（4）连接好充装站内的导静电接地线与半挂车操作箱内的导静电连接片。

2）首次充装主要流程

包括新车首次充装或检修后的第1次充装：

（1）确保各阀门都处于关闭状态，然后依次打开阀门，检查气瓶内是否有氮气余压。

（2）放空气瓶内残余氮气直至没有氮气余压，同时用仪器检查确认瓶内含氧量不超过3%。

（3）依次开启各瓶球阀，然后缓慢开启主控球阀，将气瓶内封装的氮气放空，待瓶内氮气压力卸尽后立即关闭主控球阀。

（4）连接好充气站充装软管与操作仓内快装接头，将充气软管内空气置换为充装气体后，开启主控球阀，慢慢打开充装站的充气阀，进行充装。

（5）达到充装温度对应的充装压力时，依次关闭充装站充气阀、操作仓内的各瓶球阀、主控球阀。

（6）开启放空阀，将软管内的气体排出，确认软管内无压力后断开快装接头；收起导静电接地线、三角木，关好操作仓门，充装高压气体完毕。

3）正常充装主要流程

（1）保持主控球阀处于关闭状态，缓慢打开各分瓶球阀，然后打开放空阀，确认瓶内无余压后关闭放空阀。只有在确认瓶内不存在余压后方可进行充装操作。

（2）连接加气站充装软管快接接头与车辆快接接头。

（3）打开主控球阀，缓慢打开加气站加气柱球阀，开始加气。

（4）达到充装温度对应的充装压力时，依次关闭加气站加气柱球阀、各分瓶球阀、主控球阀。

（5）开启放空阀，将软管内气体排出，确认软管内无压力后断开快装接头；收起导静电接地线、三角木，关好操作仓门，充气高压气体完毕。

4）卸气主要流程

（1）卸气前，操作箱内各阀门要均处于关闭状态。

（2）将卸气站软管与操作仓内的快装接头可靠连接。

（3）打开各气瓶球阀，缓慢打开操作仓内主控球阀，待软管内压力平衡后，关闭罐车主控球阀；开启放空阀，将软管内空气放空后，关闭放空阀。

（4）打开卸气站卸气柱阀门，缓慢开启操作仓主控球阀，开始卸气。

（5）卸完气后，关闭卸气站卸气柱阀门，依次关闭操作仓主控球阀、各气瓶球阀；开启放空阀将软管内的气体排出，确认软管内无压力后断开快充接头，关闭放空阀。

（6）收起导静电接地线、三角木，关好操作仓门，卸气完毕。

安全提示

禁止移动压力容器之间相互装卸作业，禁止移动压力容器直接向用气设备进行充装。

5 安全管理和使用注意事项

长管拖车使用前，车辆和气瓶必须经过安全技术检验合格，申请取得车辆《行驶证》、危险货物《道路运输证》《移动式压力容器使用登记证》等。使用过程中，车辆《行驶证》、危险货物《道路运输证》以及车辆安全技术检验合格标志、强制保险标志、气瓶检验合格证明要在有效期内。需要注意的是气瓶安全检验，要按照《移动式压力容器安全技术监察规程》（TSG R0005—2011）、《压力容器定期检验规则》（TSG R7001—2013）的要求，由国家质检总局核准的具备长管拖车定期检验专项资格的检验机构进行检验，首次检验周期为3年，后续每次检验周期为5年（表6–1）。

长管拖车、管束式集装箱定期检验周期　　表6–1

介质组别	充装介质	定期检验周期	
		首次定期检验	后续定期检验
A	天然气（煤层气）、氢气	3年	5年
B	氮气、氦气、氩气、氖气、空气		6年

注：除B组介质、其他惰性气体和无腐蚀性气体外，其他介质（如有毒、易燃、易爆、腐蚀等）均为A组。

长管拖车有下列情形之一，应当提前进行定期检验：

（1）发现有严重腐蚀、损伤或者对其安全使用有怀疑的。

（2）充装介质中，腐蚀成分含量超过相关标准规定的。

（3）发生交通、火灾等事故，对安全使用有影响的。

（4）年度检验发现问题，而且影响安全使用的。

在使用时还需要特别注意的安全事项：

（1）气瓶必须专用，不得改装其他介质。

（2）在使用过程中严禁敲击或碰撞气瓶。

（3）不能在气瓶上用火焰、等离子切割挖补或焊接处理。

（4）气瓶内气体不能用尽，剩余压力不应小于0.1MPa。

（5）不能使用直接加热气瓶的方式卸气。

（6）日常使用过程中，经常检查气瓶是否漏气或存在损伤，操作仓、安全仓的阀门、管路、接头处有无漏气或松动现象，发现气瓶外观有明显损伤的，要立即进行安全检验，不使用附件损坏、不全或不符合规定的气瓶。

6 运输过程安全注意事项

高压气体车辆在运输过程中要注意以下事项：

（1）上道路行驶前，驾驶人或押运员要对车辆进行安全检查。重点确认所有装卸阀门管路、紧急切断阀、人孔盖处于关闭状态，各阀门管路没有渗漏现象，导静电橡胶接地装置要可靠接地等。检查随车证照资料齐全有效。

（2）运输过程中，不得超速驾驶、疲劳驾驶车辆，不进入危险品运输车辆限制通行的区域，不在有明火地方通行或行驶；在转弯、长下坡、隧道、桥梁及气象条件差的道路环境行车时要降低车速，防止发生侧翻、碰撞等事故。

（3）运输途中，驾驶人不得随意停车；需要临时停车的，应停靠在停车场或服务区。因住宿或者发生影响正常运输的情况需要较长时间停车的，驾驶人、押运员应当设置警戒线，采取相应的安全防范措施。

7 紧急情况应对措施

在运输过程中，剧烈的后部追尾碰撞或侧翻可能导致装卸阀门或管路损坏，引起高压气体泄漏。天然气等燃气泄漏后，与空气混合达到爆炸极限，遇明火后会发生爆炸。

1）压缩天然气危险特性

（1）受热或遇火花或明火极易点燃。

（2）与空气混合，能形成爆炸性混合物。

（3）破裂的钢瓶具有飞射危险。

2）泄漏事故应急处置

（1）按照本书第五章第五节要求停车。

（2）设置安全警戒区。

①在高速公路发生泄漏事故的，在事故车辆后来车方向的150m以外设置警

告标志；其他公路警告标志设置在事故车辆后来车方向的 50m ~ 100m 处。

②用反光锥桶、反光带在事故车辆周围 100m 范围内建立初始隔离区。

③疏散隔离区内无关人员，撤离人员停留在隔离区外上风处。

（3）按照本书第五章第五节的要求报警。

（4）救援处置：

①应急救援人员应佩戴自给式呼吸器，穿防静电消防服。

②尽可能关闭分瓶球阀。

③无法关闭分瓶球阀的应警戒现场，严禁无关人员和车辆进入。

④迅速撤离泄漏区人员至隔离区外上风处，禁绝火种。

⑤喷雾状水稀释，隔绝现场至气体散尽。

（5）救援注意事项：

①消除泄漏区火源，在泄漏区附近严禁吸烟、点火、一切可能产生火花的操作或其他任何形式明火；

②所有处理事故设备必须接地；

③禁止使用会产生火星的金属器材；

④事故车辆附近 100m 内禁止开启电器开关或无线电通信设备（如手机、对讲机）。

3）着火事故应急处置

（1）按照本书第五章第五节的要求安全停车。

（2）按照本书第五章第五节的要求报警。

（3）救援处置。发生火灾事故的，由于环境温度升高会导致气瓶内压力升高，气瓶两端的安全泄放装置会自动泄压，防止压力持续升高引起气瓶爆炸，但泄放出的可燃气体会加剧火势，这时不应扑灭燃烧的气体，任其燃烧，直至燃尽。

（4）设置安全警戒区。用反光锥桶、反光带在事故车辆周围 1600m 范围内建立初始隔离区。

第三节　液化气体运输车辆

通常，液化气体运输车辆是指运输的气体介质临界温度大于 -50℃、装运罐体设计压力大于等于 0.1MPa、设计温度不低于 -50℃的罐式车辆，包括了高压液化气体运输罐车和低压液化气体运输罐车。其中，高压液化气体是指临界温度在 -50℃ ~ 65℃之间的气体；低压液化气体是指临界温度高于 65℃的气体。道路运输活动中常见液化气体有氯气、二氧化硫、二氧化碳、氨气、石油气、丙烯、丙烷等气体。

本书以某型单罐式集装箱液氯运输半挂车为例，介绍低压剧毒液化气体运输车辆的安全使用要求（图 6-28）。

1　车辆安全技术要求

1）结构要求

罐体装卸口在罐体顶部，罐体顶部的管路接头、阀门及其他附件的最高点应低于罐车倾覆保护装置的最高点至少 20mm。

2）外观标识

车辆应安装车辆标志牌和安全标示牌，粘贴橙色反光带、车身反光标识，罐体外部喷涂“运输介质、容积、运输容积以及下次检验日期”等字样。

3）安全装置

配置灭火器等消防设施、安装导静电橡胶接地装置。

4）罐体安全附件

罐体顶部的装卸料口安装了气相紧急切断装置和液相紧急切断装置。

图 6-28 液化气体运输车辆安全装置及其安装位置

2 车辆结构和主要附件功能

（1）为提高罐车的行驶稳定性和碰撞安全性，装运介质的容器通常采用集装箱罐体（由集装箱框架和罐体两部分组成），集装箱罐体整体固定在半挂车车架的中间位置（图 6-29 ~ 图 6-31）。

图 6-29　集装箱罐车

图 6-30　罐体侧面视图

图 6–31 罐车后部视图

（2）装用剧毒化学品的罐车罐体装卸口集中设置在罐体顶部，充装和卸料采用顶部装卸的方式（图 6–32）。

图 6–32 罐体顶部装卸管路附件

（3）罐体顶部装卸口的操作装置主要集中在操作箱内，包括了紧急切断装置、截止阀、盲板、压力表、温度计等（图 6–33）。紧急切断装置由气、液相紧急切断阀、液压操作装置、易熔塞切断装置、过流控制阀以及远程控制装置组成。其中，气、液相紧急切断阀分别连接于气、液相管路，由液压操作装置手动控制紧急切断阀开闭（图 6–34）；远程控制装置通常设置在集装箱罐体左前部，用于快速切断紧急切断阀（图 6–35）；过流控制阀一般设置在紧急切断阀上，当连接紧急切断阀的管路破裂，流体通过紧急切断阀的流量达到或超过允许的额定流量时，紧急切断阀上的过流控制阀将自动关闭，切断罐内介质外泄。

图 6–33　罐体操作箱内安全附件

图 6–34　紧急切断阀液压控制装置

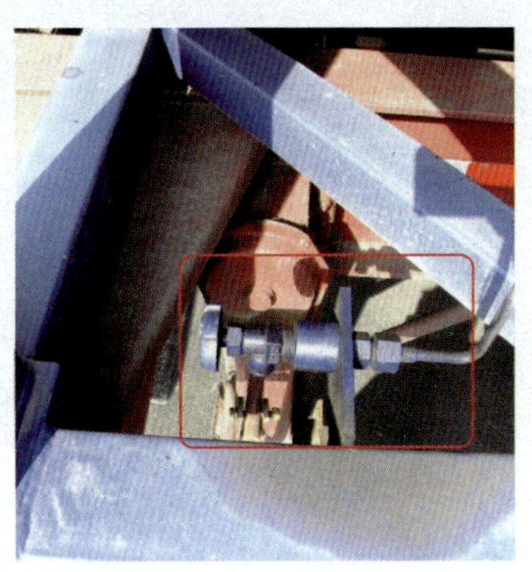

图 6–35　罐体前部的远程控制开关

3 装卸料主要操作流程

对于不同规格型号的剧毒化学品罐车，装卸料前要仔细阅读车辆使用说明书，严格按照车辆使用说明书要求执行。

1）装卸料前准备

（1）将车辆停放在装（卸）站指定的安全作业地点，熄灭牵引车发动机，使车辆处于驻车制动状态。

（2）挂车后桥左右车轮要填好三角木固定车辆。

（3）装卸操作人员穿戴好防护用品。

（4）连接好罐车与装卸站防静电接地线。

2）充装流程

（1）检查罐体压力表和安全阀压力表的压力是否正常，当罐内压力偏高或接近零位、安全阀压力大于零时，应查明原因，消除故障后才能充装。

（2）拆除盲板，检查确认管道、凸缘、垫片是否正常。

（3）连接充装气、液相管路，检查连接管路的密封性。

（4）操作液压泵打开气、液相紧急切断阀，缓慢打开气、液相截止阀，再次检查管路各密封点是否泄漏。

（5）打开气相平衡阀后，开启液相充装阀进行充装。

（6）达到规定充装量后，顺序关闭充装阀，罐车液、气相截止阀和液、气相紧急切断阀。

（7）打开真空阀，分别对气、液相管线进行抽真空，抽掉充装管线内液氯后，拆卸充装管路。

（8）装上罐车的气、液相管路盲板，检查罐体压力表和安全阀压力表的压力是否正常，用氨水检测是否漏气。

（9）收回三角木、将导静电接地卷盘归位。

3）卸料主要流程（略）

4 安全管理和使用注意事项

车辆使用前，车辆和罐体必须经过安全技术检验合格，取得车辆《行驶证》、危险货物《道路运输证》《特种设备使用许可登记证》。开展道路运输时，还应当取得《剧毒化学品公路运输通行证》。在使用过程中，车辆《行驶证》《道路运输证》以及车辆安全技术检验合格标志、强制保险标志、罐体检验合格证明要在有效期内。需要注意的是，罐体检验要按照《移动式压力容器安全技术监察规程》（TSG R0005—2011）、《压力容器定期检验规则》（TSG R7001—2013）的要求，进行年度检验和全面检验，年度检验每年一次，全面检验周期按表 6-2 执行。

全面检验周期表　　表 6-2

罐体安全状况等级 \ 压力容器	汽车罐车	罐式集装箱
1～2 级	5 年	5 年
3 级	3 年	2.5 年

注：安全状况等级评定按照《压力容器定期检验规则》规定

当罐车有以下情况之一的，应当进行全面检验：

（1）新罐车投用后 1 年内的首次检验。

（2）停用 1 年后重新使用的。

（3）发生事故，影响安全使用的。

（4）经过重大修理或改造的。

（5）改变使用条件的。

（6）使用单位或检验机构认为有必要提前进行全面检验的。

5 运输过程中安全注意事项

剧毒化学品运输车辆在运输过程中要注意以下事项：

（1）上道路行驶前，驾驶人或押运员要对车辆进行安全检查。重点确认所有装卸阀门管路、紧急切断阀处于关闭状态，各阀门管路没有渗漏现象，导静电橡胶接地装置要可靠接地等。检查随车证照资料齐全有效。

（2）运输过程中，要严格遵守《剧毒化学品公路运输通行证》签注的载运量载运，不超载运输；按照规定的运行路线、行车速度、通行时间运行，不得超速行驶、疲劳驾驶，不得驶入危险化学品运输车辆限制通行的区域。

（3）因住宿或者发生影响正常运输的情况，需要长时间停车的，要采取相应的安全防范措施，安排人员值守；同时还应及时向当地公安机关和企业主管领导报告。

（4）在运输过程中，驾驶人和押运员还要定时停车检查罐体各部件是否有泄漏，温度计、压力表是否存在变化的情况，发现异常情况要及时处理。

6 紧急情况救援措施

1）氯气主要危险特性

（1）剧毒，吸入或经皮肤吸收后可致命。

（2）本身不燃，但可助燃。

（3）具有强氧化性，可与许多种物质（包括燃料）产生剧烈的或爆炸性的反应。

2）泄漏事故处置

（1）按照本书第五章第五节要求停车。

（2）设置安全警戒区。剧毒化学品泄漏事故设置安全警戒区距离见表 6-3。

剧毒化学品泄漏事故设置安全警戒区距离　　表 6-3

小量泄漏（<200L）			大量泄漏（>200L）		
紧急隔离距离（m）	疏散距离（m）		紧急隔离距离（m）	疏散距离（m）	
	白天	夜间		白天	夜间
30	300	1100	275	2700	6800

资料来源：宁波金洋物流运输有限公司提供

（3）按照本书第五章第五节要求报警。

（4）救援处置：

①救援人员进入现场要佩戴防毒面具、穿好防护服及其他安全设施。

②尽可能关闭或堵塞泄漏源。

③对于泄漏出的氯气通过喷雾状水稀释溶解，并构筑围堤或挖坑收容废水。

④使用酸式硫酸钠等还原剂中和泄漏出的氯气。

第四节　低温液体运输车辆

低温液体运输车辆是指专门运输临界温度低于 -50℃气体的罐式车辆。在道路运输活动中，常见的低温运输气体有氧气、氮气、氩气、天然气等。这些气体经过低温液化处理，在低于临界温度的条件下充装、运输，运输过程中为气、液两相共存。在正常的工作温度、压力条件下，低温液体运输车辆罐体处于低承压状态。

本书以某型液化天然气运输半挂车为例，介绍低温液体运输车辆的安全技术条件和使用要求（图 6-36）。

1 车辆安全技术要求

1）结构要求

罐体与车架用螺栓固定连接，罐体后封头及其管路与车架后下部防护装置距离大于 150mm。

2）外观标识

车辆安装了车辆标志牌，粘贴或喷涂橙色反光带、车身反光标识，罐体外部喷涂“运输介质、罐体容积以及下次检验日期”等字样。

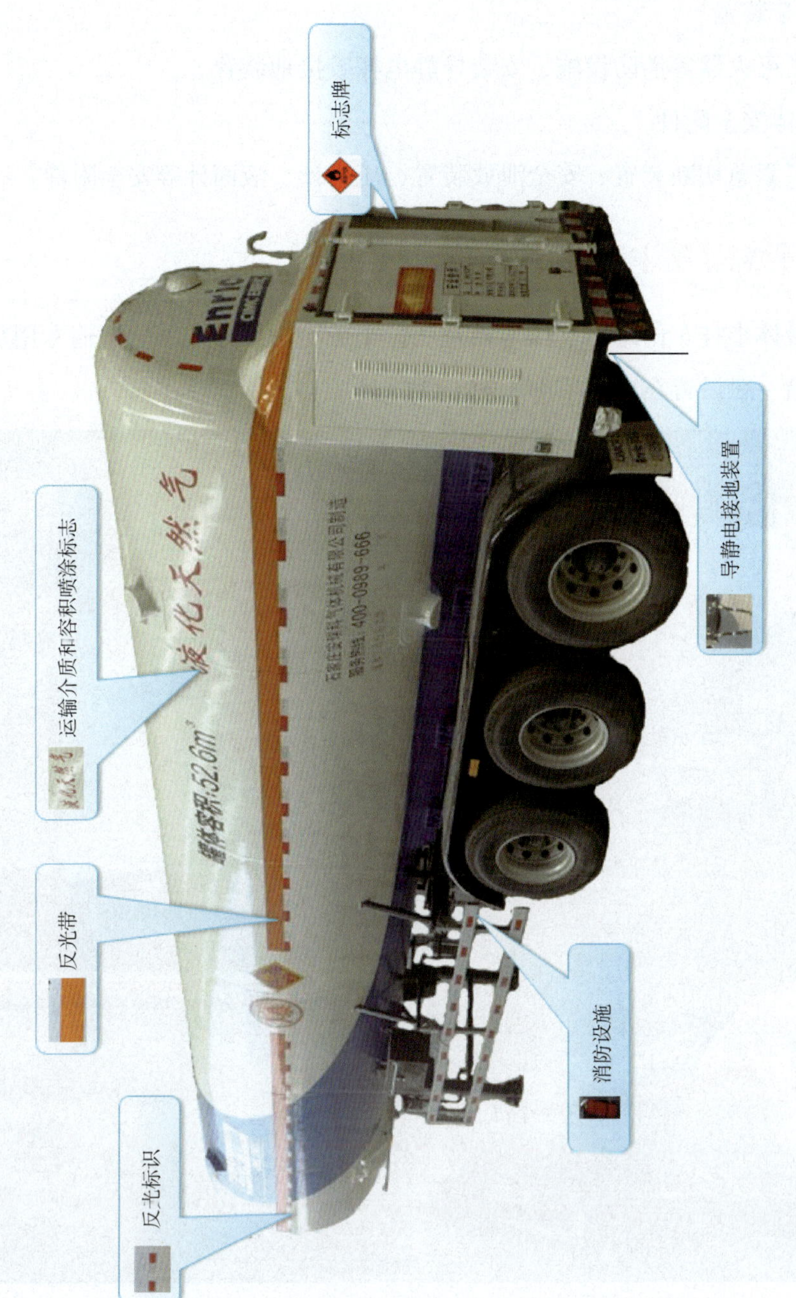

图 6-36 液化气体运输挂车安全装置及其安装位置

3）安全装置

配置了灭火器等消防设施、安装导静电橡胶接地装置。

4）罐体安全附件

安装了紧急切断装置、安全泄放装置、压力计、液面计等安全附件。

2 车辆结构及主要附件功能

低温液体半挂车由罐体、操作箱及底盘组成。罐体是车辆的运输专用功能部件，操作箱一般设置在罐体尾部（图 6–37）。

图 6—37　液化气体运输车辆外观结构

1）低温罐体

一般的低温罐体由内容器和外壳套合组装而成。内容器是运输功能部件、承受内压，与外壳之间采用高真空多层绝热，保证运输过程中介质处于低温状态（图 6–38）。

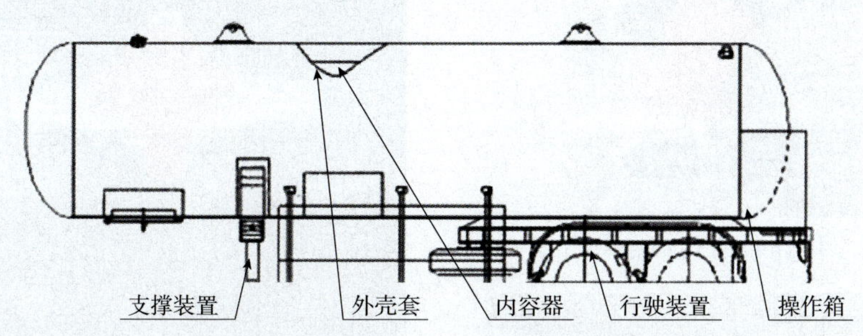

图 6–38 低温液体运输半挂车罐体示意图

2）操作箱内主要功能附件

操作箱集中设置了操作阀门、压力表、液面计、安全泄放装置和气动紧急切断装置等安全附件。

（1）紧急切断装置。低温液体运输车辆内容器的气相出口、液相出口、增压口分别装有相互独立的紧急切断装置。每个紧急切断装置都由紧急切断阀、气动控制装置、远程控制开关、易熔塞自动切断装置组成。其中，远程控制开关通常设置在罐体前部，左右两侧各一个。

正常情况下，可以通过气动控制系统打开或关闭紧急切断阀（图 6–39），如果气动控制系统出现故障，可操作紧急切断阀顶部的手轮开启或关闭紧急切断阀（图 6–40）。遇有火灾等紧急情况，还可通过罐车前部的远程控制装置关闭紧急切断阀（图 6–41）。

（2）组合式安全泄放装置。组合式安全泄放装置直接与罐体内容器相通，并连接到气相管路和泄放管。当内容器压力异常升高时，安全泄放装置的安全阀自动打开，泄放内容器压力（图 6–42）。

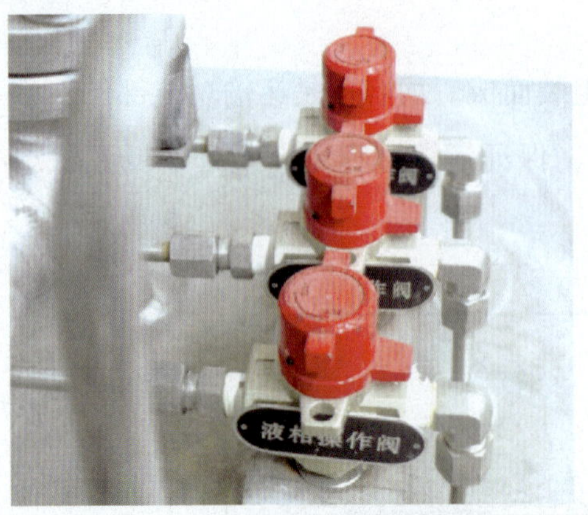

图 6-39　操作箱内气动控制开关

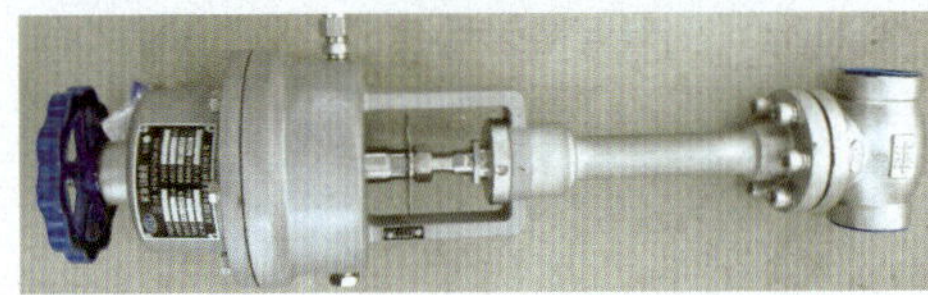

图 6-40　低温液体运输车用紧急切断阀

图 6-41　罐车前部的远程控制开关

（3）真空测量规管和真空阀。真空测量规管用来测量罐体夹层真空度，在罐车正常使用情况下处于关闭状态，由铅封封闭。真空阀用于夹层抽真空，罐车正常情况下处于铅封关闭状态，当夹层真空失效时，由专业厂家抽真空密封后使用（图 6-43）。

图 6-42　组合式安全泄放装置

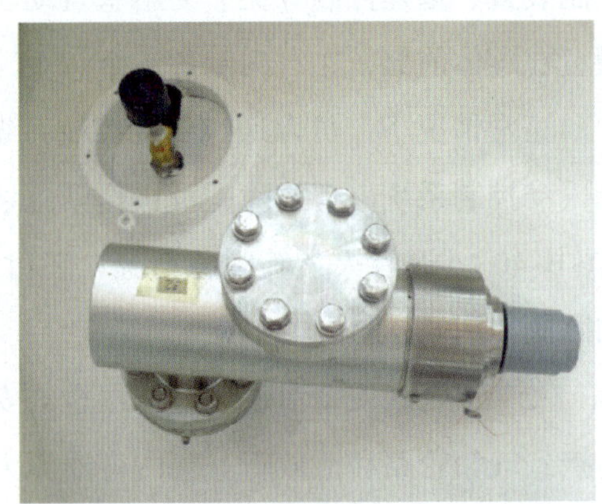

图 6-43　真空测量规管和真空阀

（4）压力表和液面计。压力表用来监测罐体内压力；液位计用于近似指示罐体液位高度，但精确度低，不能指示罐内液体的充装质量。

3 装卸料主要操作流程

对于不同规格型号的低温罐车，装卸液前要仔细阅读车辆使用说明书，严格按照车辆使用说明书的要求执行，同时要满足《移动式压力容器安全技术监察规程》（TSG R0005—2011）要求。

1）装卸液准备

（1）将车辆停放在装（卸）站指定的安全作业地点，熄灭牵引车发动机，使车辆处于驻车制动状态。

（2）将充装站的导静电接地线与罐车导静电接地卷盘连接好。

（3）打开罐车后操作箱门，挂好风钩。

（4）检查操作箱各附件是否完好。

2）首次充装流程

首次充装罐体处于常温状态，内容器和管路应进行氮气置换处理，并用氮气密封，取得置换氮气合格报告或者证明文件。

充装时：

（1）连接好气相、液相装卸软管。

（2）操作箱（图 6-44）液面计上下截止阀、安全阀、三通阀处于打开状态，其他阀门关闭。

（3）打开设备放空阀、上部进液阀，从上部进液管充装，控制充装流量，以免流量过大引起罐体受冷不均造成较大的热应力。

（4）待罐体充装一定量，罐内均匀冷却后，关闭上部进液阀，打开下部进液阀，从下部充装。如果出现压力异常升高，说明罐体仍未完全冷却，此时应改回上部充液，待压力下降后，再改为下部充液。

图 6-44　操作箱内功能附件

1- 真空测量阀；2- 真空阀；3- 压力表；4- 液面计；5- 安全阀；6- 三通阀；7- 气相放空阀；8- 侧满阀；9- 气相紧急切断阀；10- 气相阀；11- 管路放空阀；12- 增压器紧急切断阀；13- 增压阀；14- 管路放空阀；15- 液相紧急切断阀；16- 下部进出液阀；17- 管路放散阀；18- 上部进液阀；19- 进出液口；20- 增压阀；21- 气相口；22- 紧急切断控制开关

（5）罐内氮气排净后，便可打开气相阀和气相紧急切断阀，关闭放空阀，将气体回收至系统中。

（6）充装时，观察液面计，接近充满时，打开测满阀，当液体从测满阀口喷出时，说明已经到达最大液面高度，应立即关闭紧急切断阀，关闭测满阀。

（7）关闭下部进出液阀、气相阀及其紧急切断阀，打开管路放散阀排除管道内残余气体，解除气液相装卸软管。

3）日常充装流程

日常充装是指罐体内有一定量的剩余介质，内容器仍保持在低温状态时的充装。日常充装不用置换氮气和冷却罐体，开始即可打开下部进出液阀及其紧急切断阀，以较大的流量充装，同时打开气相放空阀及其气相紧急切断阀，泄放罐内压力。

4）卸液流程

（1）用卸液软管连接好罐车进出液口与储罐进出液口、罐车增压口与储罐站增压器入口、罐车气相口与储罐站增压器出口，打开储罐进液阀。

（2）检查确认放空阀、管路放散阀处于关闭状态后，打开增压紧急切断阀、气相紧急切断阀、气相阀。缓慢打开增压器入口阀，使增压器开始工作，当罐体内压力上升至需要压力时，打开下部进出液阀，再打开液相紧急切断阀，开始向储罐内充液。

（3）卸液即将结束时，关闭增压器紧急切断阀；卸液结束后，关闭液相紧急切断阀、气相紧急切断阀和储罐的进液阀。

（4）打开管路放空阀，排出管道内的残液后，关闭下部进出液阀、增压阀以及气相阀。

（5）放空装卸软管内残余气体，解除装卸软管与罐车和储罐之间的连接，装好凸缘盖。

4 安全管理和使用注意事项

低温液体运输罐车罐体属于压力容器，投入使用前，车辆和罐体必须经过安全技术检验合格，取得车辆《行驶证》、危险货物《道路运输证》《特种设备使用登记证》。在使用过程中，车辆《行驶证》《道路运输证》以及车辆安全技术检验合格标志、强制保险标志、罐体检验合格证明要在有效期内。需要注意的是，罐体检验要按照《移动式压力容器安全技术监察规程》（TSG R0005—2011）、《压力容器定期检验规则》（TSG R7001—2013）的要求，进行年度检验和全面检验；年度检验每年一次，全面检验周期按表 6–4 执行。

全面检验周期表　　表 6–4

罐体安全状况等级	汽 车 罐 车	罐式集装箱罐车
1 ~ 2 级	5 年	5 年
3 级	3 年	2.5 年

注：安全状况等级评定按照《压力容器定期检验规则》规定。

罐车有以下情况之一的，应当进行全面检验：

（1）新罐车投入使用后 1 年内的首次检验。

（2）停用 1 年后重新使用前的检验。

（3）发生事故，影响安全使用前的检验。

（4）经过重大修理或改造后的检验。

（5）改变使用条件后的检验。

（6）使用单位或检验机构认为有必要提前进行全面检验的。

需要特别注意的使用安全事项：

（1）装卸料过程中，安装和拆卸软管时，禁止使用钢或铁锤敲击，以免产生火花；应使用木槌或铜锤。

（2）罐体阀门、管路及接头有冻结的，不能用明火或炽热源烘烤，也不得敲打，宜用热空气或蒸汽融化。

（3）需要检修车辆的，应使用不产生火花的工具，不使用明火作业，驾驶人和押运员不能同时离开车辆。

（4）日常注意检查罐体是否漏气或存在损伤；操作仓的阀门、管路、接头处有无漏气或松动现象；安全阀、真空阀的铅封装置是否完好等。

（5）使用过程中，发现罐内介质蒸发率过大或罐体表面出现大面积结霜现象的，说明罐体夹层真空度降低，应与罐体生产企业联系，及时检查罐体是否泄漏并补抽真空。

（6）罐体的液面计是罐体安全附件，只能作为测量装卸液体数量的参考，不能作为计量依据。

5 运输安全注意事项及紧急情况应对

（1）上路行驶前，驾驶人或押运员要对车辆进行安全检查。重点确认紧急切断装置及各管路阀门开关应处于关闭状态，快装接口安装有盲凸缘或等效装置，导静电橡胶接地装置可靠接地。检查随车证照资料齐全有效。

（2）驾驶人不得超速驾驶、疲劳驾驶车辆，不进入危险品运输车辆限制通行的区域，不在有明火地方通行或行驶；在转弯、长下坡、隧道、桥梁及气象条件差的道路环境行车时要降低车速，防止发生侧翻、碰撞等事故。

（3）驾驶人不得随意停车，需要临时停车的，应停靠在停车场或服务区。因住宿或者发生影响正常运输的情况需要较长时间停车的，驾驶人员、押运员应当设置警戒带，采取相应的安全防范措施。

（4）驾驶人和押运员等随车人员要经常观察罐体压力表，确保罐体内压力不超过工作压力。发现罐体压力表指示压力超过工作压力时，或者罐体因交通事故等意外出现大量泄漏的，驾驶人应立即将罐车开到人员稀少的空地，关闭发动机。严禁明火靠近，打开罐体放空阀，排气卸压至正常工作压力。

另外，运输过程中还要特别注意的是，罐车运行时间不能超过所载运的冷冻液化气体介质的标态维持时间。

第五节　民用爆炸物品厢式运输车辆

爆炸品在受热或撞击等外界作用力时，会产生剧烈的化学反应，瞬间产生巨大的气体和热量，使周围压力急剧上升，对周围环境产生破坏。爆炸品道路运输事故危险性大，因此我国《道路危险货物运输管理规定》（交通运输部令 2013 年第 2 号）、《汽车运输危险货物规则》（JT 617—2004）等法规规定，爆炸品道路运输要使用厢式货车（图 6-45），车辆的载质量不能超过 10t。

道路运输活动中常见的爆炸品为民用爆炸物品。民用爆炸物品是指用于非军事目的、列入民用爆炸物品品名表的各类火药、炸药及其制品和雷管、导火索等点火、起爆器材等。

图 6—45　民用爆炸物品厢式运输车图例

1 车辆安全技术要求

民用爆炸物品运输车辆的安全技术性能要符合《机动车运行安全技术条件》（GB 7258—2012）、《道路运输爆炸品和剧毒化学品车辆安全技术条件》（GB 20300—2006）、《民用爆炸物品运输车安全技术条件》（WJ 9073—2012）等标准要求，具有防火、防盗、防碰撞、防静电、防电花火、隔热保温、视频监控的功能。

1）结构要求

车辆核定载质量不超过 10t；排气管应装在厢体前端面之前、不高于车辆纵梁上平面的区域。

2）外观标识

车辆安装标志灯、标志牌及安全标示牌；车身粘贴橙色反光带、车身反光标识；驾驶室外侧喷涂核定车辆总质量、车厢两侧喷涂“禁止烟火”字样、车厢后侧喷涂“民用爆炸物品运输车”字样。

3）安全装置

车辆要安装防抱死制动装置、行驶记录仪；前轮装备盘式制动器、缓速器或其他辅助制动装置；具有限速功能或配备限速装置等安全装置；所有车轮装用子午线轮胎，不能使用翻新轮胎。

4）消防装置

配置2个不小于5kg的磷酸铵盐干粉灭火器等消防设施；排气管出口安装排气火花熄灭装置；导静电橡胶接地装置要能可靠接地；驾驶室和蓄电池位置应分别设置串联电路隔离开关。

5）货厢安全附件

车辆前后防护装置上应加装面积不小于150mm×80mm，厚度不小于40mm的缓冲块（图6–46）；车厢内安装火灾报警器（图6–47），报警装置在驾驶室内；车辆总质量大于2t的，货厢侧门和后门应安装防盗报警器，报警装置在驾驶室内；车辆总质量大于9t的，货厢后部安装摄像头，监控装置在驾驶室内。

图6–46 防护装置的缓冲块

图6–47 货厢内的火灾报警器

2 装卸货物安全注意事项

1）装卸货物准备

将车辆停放在装（卸）站指定的作业地点，熄灭发动机，使车辆处于驻车制动状态，使用三角木垫在车辆前后车轮下部固定车辆；车厢打扫干净，清除残留的爆炸物药粉、药渣。

2）装卸人员服饰

装卸作业时装卸人员应穿着不易产生静电的工作服，不能穿钉子鞋、高跟鞋进行装卸作业。

3）装卸操作要求

民用爆炸物装卸时应轻拿轻放、严禁翻滚和拖拉，严禁用金属器材敲打包装件。

4）装载质量和堆码要求

装载质量不能超过车辆的额定载质量；车厢装货堆码要整齐并根据运输量确定堆码的高度，但一般堆码总高度不能超过 1.5m；无金属外包装桶的只能单层摆放；车厢内包装货物要固定可靠。

3 安全管理和使用注意事项

在投入使用前，车辆应经过安全技术检验，申请取得车辆《行驶证》、危险货物《道路运输证》。使用过程中，车辆《行驶证》《道路运输证》以及车辆安全技术检验合格标志、强制保险标志要在有效期内。每次开展道路运输时，收货单位要首先申请取得《民用爆照物品运输许可证》。

4 运输过程中安全注意事项

（1）上路行驶前，随车人员要检查车辆安全性能，以及要随车携带《民用爆照物品运输许可证》等证照资料。

（2）运输过程中货厢内不能载人。

（3）严格按照《民用爆照物品运输许可证》载明的起始地点、运输路线、经停地点运行。途中需要临时停车时要有专人值守，并远离建筑设施和人口稠密地方，不得在许可外地点经停。

（4）因住宿或者发生影响正常运输的情况，需要长时间停车的，要采取相应的安全防范措施，安排人员值守；同时还应及时向当地公安机关和企业主管领导报告。

（5）出现危险情况应立即采取必要的应急处置措施，并报告当地公安机关。

第七章

典型危险货物运输车辆事故案例

本章选取了2005年以来的10起典型危险货物运输重特大交通事故案例（表7–1），重点分析了事故原因、暴露出来的车辆安全使用隐患问题等内容，为有效预防和减少危险货物运输车辆事故提供借鉴作用。

典型危险货物运输车辆事故案例简表　　表 7-1

序号	事故名称	事故后果		暴露出来的车辆安全使用方面的问题
		死	伤	
1	荣乌高速山东莱州段 2015 年“1.16”事故	12	6	上路行驶未按要求关闭紧急切断装置
2	晋济高速山西晋城段 2014 年“3.1”事故	40	12	未安装使用紧急切断装置
3	沪昆高速湖南邵阳段 2014 年“7.19”事故	54	6	不具有资质货车违法超载运输易燃品
4	连霍高速河南三门峡段 2013 年“2.1”事故	13	9	不具有相应资质车辆违法运输，货物堆码摆放不符合安全要求
5	包茂高速陕西延安段 2012 年“8.26”事故	36	3	半挂罐车出厂整备质量超重
6	京珠高速河南信阳段 2011 年“7.22”事故	41	6	大型客车运送易燃易爆危险品
7	梨温高速江西上饶段 2005 年“3.17”事故	31	0	严重超载，未悬挂安全标志牌
8	京沪高速江苏淮安段 2005 年“3.29”事故	29	456	违法使用翻新轮胎，严重超载
9	山东省淄博市桓台县 2010 年“11.8”事故	13	8	车辆非法改装、严重超载
10	京珠高速湖南耒宜段 2008 年“2.18”事故	15	17	存在超载

案例一　2015 年荣乌高速公路山东莱州段“1.16”重大道路交通事故

1 事故概况

2015 年 1 月 16 日 17 时 52 分，鲁 YMA××× 号“五菱牌”小型面包车沿荣乌高速公路由西向东行驶至 305km+449.13m 处（饮马池大桥），因路面结冰，小型面包车失控，与中央隔离带钢板护栏碰撞后停在应急车道上，驾驶人下车查看情况后，向保险公司报警。之后冀JR2×××号“解放牌”重型罐式货车行驶至305km+409m处，车辆发生侧滑，后尾部与桥南侧水泥护栏发生碰撞刮擦，向前行驶中撞到鲁YMA×××号“五菱牌”小型面包车左后尾部，共行驶71.55m后，货车的左前部又与中央隔离带钢板护栏刮擦后，车辆向右后方移动2.98m，斜向停于左侧车道和右侧车道之间。之后行驶至此的鲁F28×××号大型普通客车右前侧与冀JR2×××号“解放牌”重型罐式货车的左后尾部发生碰撞，车体朝东北方向停在左侧车道、右侧车道和应急车道上，碰撞造成罐式货车卸油口损坏，所载汽油泄漏（约2t）。鲁K92×××号小型越野客车行驶至此，小型越野客车的右前部撞到鲁F28×××号大型普通客车左侧中前部，撞击产生的火花引起冀JR2×××油罐车泄漏的汽油蒸汽与空气的混合物爆燃，引燃4辆事故车辆（图7–1），造成12人死亡（8人烧死，4人跳车坠桥死亡），6人受伤，重型罐式货车的后尾部烧损，其他3辆车烧毁的重大事故。

a)事故示意图

b)事故现场图

图7–1 山东荣乌高速莱州段“1.16”事故

2 事故原因

冀JR2×××号“解放牌”重型罐式货车超载并在冰雪路面超速行驶，因操作失误造成车辆失控，向右侧滑后，又向左偏驶，在向左偏驶的过程中追尾碰撞鲁YMA×××号“五菱牌”小型面包车后，继续向左偏驶，在刮擦中央隔离带钢板护栏停车后，后溜 2.98m，停在左侧车道和右侧车道内，堵塞了由西向东行驶的行车道。后方驶来的鲁 F28××× 号大型普通客车在冰雪路面超速行驶，操作不当，右前角与冀 JR2××× 号“解放牌”重型罐式货车左后角相撞，致使客车向右旋转，尾部碰撞南侧水泥护栏停车。冀 JR2××× 号“解放牌”重型罐式货车押运员违反油罐车安全操作规范，未关闭紧急切断阀，在与鲁 F28××× 号大型普通客车碰撞中，货车罐体卸料口损坏，所装货物（汽油）泄漏。

鲁 K92××× 号小型越野客车在冰雪路面超速行驶，驾驶人发现鲁 F28××× 号客车和冀 JR2××× 号“解放牌”货车停在路面后，采取措施过晚，直接撞在大型普通客车的左侧中前部，产生火花，引起冀 JR2××× 货车罐体泄漏的汽油蒸汽与空气的混合物爆燃，造成 12 人死亡，6 人受伤，4 车损毁。

3 事故暴露出的问题

1）车辆方面的问题

（1）重型罐式货车上路行驶前没有关闭紧急切断阀，导致发生追尾碰撞事故后大量汽油泄漏。

（2）车辆罐体实际容积与《公告》不一致，超过《公告》容积约 6m^3。

（3）车辆核载 16.23t，实载 19.5t，超载运输。

2）事故还暴露出的其他问题

（1）河北省沧州 ×××× 运输有限公司危险货物运输安全管理制度形同虚设，所登记车辆全部为挂靠车辆并放任自由运行，对挂靠车辆挂而不管，对挂靠车辆驾驶员未进行安全教育培训，致使肇事重型罐式货车长期存在重大安全隐患。

（2）烟台 ×× 交运集团有限责任公司和山东 ×× 餐饮管理有限公司对驾驶员安全教育培训不力，对肇事客车在冰雪路面超速行驶、驾驶员应急处置管理不到位，肇事客车未完全按照规定线路行驶。

（3）济南 ×× 集团专用汽车有限公司、济南 ×× 机械制造有限公司未取得强制性产品认证，非法生产并销售肇事重型罐式货车罐体，且罐体实际容积大于《公告》的容积，属“大罐小标”。

案例二 2014年晋济高速公路山西晋城段岩后隧道“3.1”特别重大道路交通危化品燃爆事故

1 事故概况

2014年3月1日14时43分，豫HC2×××/豫H08××挂铰接列车（事发时位于前方，以下简称前车），装载29.66t甲醇运往洛阳，在沿晋济高速公路由北向南行驶至岩后隧道右洞入口以北约100m处时，发现右侧车道上有运煤车辆排队等候，遂从右侧车道变道至左侧车道进入岩后隧道，行驶了约40m后，停在一辆轻型厢式货车后。14时45分，晋E23×××/晋E29××挂铰接列车（事发时位于后方，以下简称后车），装载29.14t甲醇运往河南省博爱县，在沿晋济高速公路由北向南行驶至岩后隧道右洞入口以北约100m处时，看到右侧车道上有运煤车辆排队缓慢通行，但左侧车道内至隧道口前没有车辆，遂从右侧车道变至左侧车道。驶入岩后隧道后，突然发现前方大约5m～6m处停有前车。后车驾驶人虽采取紧急制动措施，但仍与前车追尾。碰撞致使后车前部与前车尾部铰合在一起，造成前车尾部的防撞设施及卸料管断裂、甲醇泄漏，后车前脸损坏。泄漏甲醇形成流淌火迅速引燃了两辆事故车辆（后车罐体没有泄漏燃烧）和附近的4辆运煤车、货车及面包车，由于事发时受气象和地势影响，隧道内气流由北向南，且隧道南高北低，高差达17.3m，形成“烟囱效应”。甲醇和车辆燃烧产生的高温有毒烟气迅速向隧道内南出口蔓延。当时隧道内共有87人，部分人员在发现烟、火后驾车或弃车逃生，48人成功逃出（其中1人因伤势过重经抢救无效死亡）。事故导致滞留隧道内的 42 辆车辆全部烧毁，40 人死亡、12 人受伤，直接经济损失 8197 万元，隧道受损严重（图 7–2）。

图 7–2　晋济高速山西晋城段岩后隧道“3.1”事故

事故发生后，当地交警、消防、高速公路管理公司等投入大量人员进行救援，共组织救援人员 1000 余人，投入各类救援车辆 300 余辆次，紧急调运灭火用水 9300 余 t，清运煤炭 1200 余 t，吊装拖运烧毁车辆 42 辆。

2 事故原因

晋 E23×××/ 晋 E29×× 挂铰接列车在隧道内追尾豫 HC2×××/ 豫 H08×× 挂铰接列车，造成前车甲醇泄漏，后车发生电器短路，引燃周围可燃物，进而引燃泄漏的甲醇。两车追尾的原因：晋 E23×××/ 晋 E29×× 挂铰接接列车在进入隧道后，驾驶员未及时发现停在前方的前车，距豫 HC2×××/豫 H08×× 仅 5m ~ 6m 时才采取制动措施；晋 E23××× 牵引车准牵引总质量（37.6t），小于晋 E29×× 挂罐式半挂车的整备质量与运输甲醇质量之和（38.34t），存在超载行为，影响行车制动距离。在追尾碰撞事故中，晋 E23×××/晋 E29×× 挂铰接列车驾驶人负全部责任。车辆起火燃烧原因：追尾造成豫 H08×× 半挂车罐体下方主卸料管与罐体焊缝处撕裂，该罐体未按标准规定安装紧急切断阀，造成甲醇泄漏；晋 E23××× 牵引车发动机舱内高压油泵向后位移，起动机正极多股铜芯线绝缘层破损，导线与输油泵输油管空心管头螺栓发生电器短路，引燃该导线绝缘层及周围可燃物，进而引燃泄漏的甲醇。

3 事故暴露出的问题

1）车辆方面的问题

（1）两辆事故危险化学品罐式半挂车实际运输介质均与设计充装介质、《公告》和《合格证》签注的运输介质不相符。不同介质化学特性有差异，在计算压力、卸料口位置和结构、安全泄放装置的设置要求等方面均存在差异，不按出厂标定介质充装，造成安全隐患。

（2）两辆事故危险化学品罐式半挂车的罐体未按国家标准要求安装紧急切断装置，属于不合格产品。

（3）被追尾碰撞车辆未经过检验机构检验销售出厂，不符合《危险化学品安全管理条例》的规定。

（4）被追尾碰撞车辆罐体壁厚为 4.5mm，不符合国家标准（GB 18564.1—2006）的规定，属于不合格产品。

（5）肇事车辆（后车）行车记录仪有故障不能使用。

（6）两辆事故车辆都存在明显安全缺陷，但相关检验机构违规出具“允许使用”的检验报告。

2）事故还暴露出的其他问题

（1）山西省晋城市 ××× 物流有限公司对从业人员安全培训教育制度不落实，驾驶员和押运员习惯性违章操作。罐体底部卸料管根部球阀长期处于开启状态。肇事车辆在行车记录仪发生故障后，仍然继续从事运营活动。

（2）河南省焦作市 ×× 汽车运输有限责任公司仍然存在“以包代管”问题；没有按照设计充装介质装卸运输危险品；驾驶人和押运员习惯性违章操作，罐体底部卸料管根部球阀长期处于开启状态。

案例三　2014 年沪昆高速湖南邵阳段“7.19”特别重大道路交通危化品爆燃事故

1 事故概况

2014 年 7 月 18 日 6 时 45 分，闽 BY2××× 大客车载 1 名乘客从福建省长乐市出发（未按规定进行安全例检和办理报班手续），车辆未按核准路线行驶，行经沈海高速、厦蓉高速，沿途在福建、江西境内上下客 9 次。22 时 26 分，沿炎睦高速进入湖南省境内，此时车上共有乘客 54 人，后再无人员上下车。7 月 19 日 2 时 57 分，大客车到达沪昆高速公路 1309km+33m 处时，因前方临时交通管制停于第一车道排队等候。

7 月 18 日 17 时，湘 A3Z××× 轻型货车在位于湖南省长沙县的长沙新鸿胜化工原料有限公司土桥仓库充装 6.52t 乙醇，运往武冈市湖南湛大泰康药业有限公司，行经长沙绕城高速公路、长潭西高速公路，22 时 45 分进入沪昆高速公路。

7 月 19 日 2 时 57 分，湘 A3Z××× 轻型货车沿沪昆高速公路由东向西行驶至 1309km+33m 路段时，以 85km/h 的速度与前方排队等候通行的闽

BY2××× 大客车发生追尾碰撞，致轻型货车运载的乙醇瞬间大量泄漏燃烧，引燃轻型货车、大客车及前方快车道上排队的车牌号为粤 F08××× 小型越野车、右侧行车道上排队的车牌号为浙 A98××× 重型厢式货车和赣 E38×××/ 赣 E45×× 挂铰接列车，造成大客车 52 人死亡、4 人受伤，轻型货车 2 人死亡，重型厢式货车和小型越野车各 1 人受伤，5 辆车被烧毁以及公路设施受损（图 7–3）。

图 7–3　沪昆高速湖南邵阳段“7.19”事故

2 事故原因

这起事故是由于湘 A3Z××× 轻型货车追尾闽 BY2××× 大客车致使轻型货车所运载乙醇泄漏燃烧所致。车辆追尾碰撞的原因：湘 A3Z××× 驾驶人驾驶严重超载的轻型货车，未按操作规范安全驾驶，忽视交警的现场示警，未注意观察和及时发现停在前方排队等候的大客车，未采取制动措施，致使轻型货车以 85km/h 的速度撞上大客车，其违法行为是导致车辆追尾碰撞的主要原因。闽 BY2××× 驾驶人驾驶大客车未按交通标志指示在规定车道通行，遇前方车辆停车排队等候时，作为本车道最末车辆未按规定开启危险报警闪光灯，其违法行为是导致车辆追尾碰撞的次要原因。起火燃烧和造成大量人员伤亡的原因：轻型货车高速撞上前方停车排队等候的大客车尾部，车厢内装载乙醇的聚丙烯材质罐体受到剧烈冲击，导致焊缝大面积开裂，乙醇瞬间大量泄漏并迅速向大客车底部和周边弥漫，轻型货车车头右前部由于碰撞变形造成电线短路产生火花，引燃泄漏的乙醇，火焰迅速沿地面向大客车底部和周围蔓延将大客车包围。经调查和现场勘验，事故路段由东向西下坡坡度0.5%，事发时段风速2.5m/s，风向为东北风，经专家计算，火焰从轻型货车车头处蔓延至大客车车头，将大客车包围所需时间不足7s，最终仅有6人从大客车内逃出，其中2人下车后被大火烧死，4人被严重烧伤（烧伤面积均在90%以上），轻型货车上2人死亡，小型越野车和重型厢式货车各1人受伤。

3 事故暴露出的问题

1）车辆方面的问题

（1）轻型货车未取得危险货物《道路运输证》，属于违法运输危险货物。

（2）轻型货车《公告》车辆类型为蓬式运输车，注册登记时载明车辆类型为轻型仓栅式货车。

（3）轻型货车存在非法改装和伪装。非法加装可移动的塑料罐体用于运输乙醇；在车辆前部和车身货箱两侧有“洞庭渔业”字样，用于伪装运输乙醇。

（4）轻型货车核定载货质量1.58t，实际装载乙醇6.52t，属于严重超载运输。

2）事故还暴露出的其他问题

（1）长沙××化工有限公司，从2013年3月份以来一直使用非法改装的无危险货物道路运输许可证的肇事轻型货车运输乙醇。长沙市×××化工原料有限公司，未查验承运危险货物的车辆、驾驶人和押运员的资质，多次为肇事轻型货车充装乙醇。

（2）莆田××公司对承包经营车辆管理不严格，对事故大客车在实际运营中存在的站外发车、不按规定路线行驶、凌晨2h～5h未停车休息等多种违规行为未能及时发现和制止。

（3）长沙市××汽车销售有限公司不具备二类底盘销售资格，超范围经营出售车辆二类底盘，并违规提供整车合格证。××××汽车厂向经销商提供货车二类底盘后，在对整车状态未确认的情况下违规出具整车合格证。

（4）长沙市××货柜加工厂无汽车改装资质，违规为本事故中肇事的轻型货车进行了加装货厢、更换钢板弹簧等改装。长沙市××塑料厂明知车主有意使用塑料罐体运输乙醇的情况下，为轻型货车制作和加装了聚丙烯材质的方形罐体。

案例四 2013年连霍高速河南三门峡段义昌大桥“2.1”重大运输烟花爆竹爆炸事故

1 事故概况

2013年2月1日8时57分，冀A70×××号货车，沿连霍高速自西向东行驶至连霍高速河南省三门峡市境内741km+900m义昌大桥上，车上违法装载运输的烟火药剂爆炸物和烟花爆竹发生爆炸，致使义昌大桥坍塌，车辆坠落桥下，造成13人死亡，9人受伤，直接经济损失约7632万元（图7–4）。

图7–4 连霍高速三门峡市义昌大桥“2.1”事故

2 事故原因

使用不具有危险货物运输资质的冀A70×××号货车，不按照规定进行装载，长途运输违法生产的烟火药剂爆炸物（土地雷）和烟花爆竹（开天雷），驾驶人在途中紧急制动所驾货车，导致车厢内爆炸物发生撞击、摩擦引发爆炸，导致事故发生。

3 事故暴露出的问题

1）车辆方面的问题

（1）车辆未取得危险货物《道路运输证》，不具有危险货物运输资质，运输时用百货名义替代危险物品填写运输合同。

（2）车辆超载运输。两种货物总质量约12365kg，超载6440kg，超载率108%。

（3）装载的烟火药剂爆炸物（土地雷）和烟花爆竹（开天雷）均不属于《烟花爆竹安全与质量标准》中规定的产品，属非法产品。

2）事故还暴露出的其他问题

（1）河北省石家庄××运输有限公司对所属车辆实行挂靠经营，疏于管理，不按规定对所属车辆驾驶人进行安全教育及运输行业相关法律法规的培训，无危险货物道路运输资质，使用普通货运车辆从事危险货物运输。

（2）陕西省蒲城县××花炮制造有限公司违法承包给无资质人员生产经营，超标准、超范围违法生产，大量使用不具备从业资格的人员从事危险工序作业，假冒注册商标，违法装载、运输烟火药剂爆炸物和烟花爆竹。

（3）陕西省蒲城县××货运部、××货运部违反《道路危险货物运输管理规定》，为不具有危险货物运输资质的企业和车辆联系介绍运输危险货物，用百货名义替代危险物品填写运输合同。

案例五　2012 年包茂高速公路陕西延安段“8.26”特别重大道路交通事故

1 事故概况

2012 年 8 月 25 日 16 时 55 分，蒙 AK1××× 卧铺大客车从内蒙古自治区呼和浩特市长途汽车站出发前往陕西省西安市，出站时车辆实载 38 人。19 时，车辆在呼包高速土默特右旗萨拉齐出口匝道处搭乘一名乘客，车辆乘务员也在此处下车。22 时 50 分，该车在包茂高速与榆神高速互通式立交桥处，搭载另外一名转乘乘客，此时卧铺大客车实载 39 人。8 月 25 日 19 时 3 分，豫 HD6××× 重型半挂货车在兖州矿业陕西榆林 ×× 有限公司装载 35.22t 甲醇后，前往陕西省韩城市 ×× 化工厂。

8 月 26 日 2 时 15 分，重型半挂货车进入安塞服务区停车休息并更换驾驶人。2 时 29 分，重型半挂货车从安塞服务区出发，违法越过出口匝道导流线驶入包茂高速公路第二车道。此时，卧铺大客车正沿包茂高速公路由北向南在第二车道行驶至安塞服务区路段。2 时 31 分，卧铺大客车在未采取任何制动措施的情况下，正面追尾碰撞重型半挂货车。碰撞致使卧铺大客车前部与重型半挂货车罐体尾部铰合，大客车右侧纵梁撞击罐体后部卸料管，造成卸料管竖向球阀外壳破碎，导致大量甲醇泄漏。碰撞也造成卧铺大客车电气线路绝缘破损发生短路，产生的火花使甲醇蒸气和空气形成的爆炸性混合气体发生爆燃起火，大火迅速引燃重型半挂货车后部和卧铺大客车，并沿甲醇泄漏方向蔓延至附近高速公路路面和涵洞。事故共造成大客车内 36 人死亡、3 人受伤，大客车报废；重型半挂货车、高速公路路面和涵洞受损，直接经济损失 3160.6 万元（图 7–5）。

图 7-5 包茂高速陕西延安段“8.26”事故

2 事故原因

（1）卧铺大客车驾驶人遇重型半挂货车从匝道驶入高速公路时，本应能够采取安全措施避免事故发生，但因疲劳驾驶而未采取安全措施，其违法行为在事故发生中起重要作用，是导致卧铺大客车追尾碰撞重型半挂货车的主要原因。

（2）重型半挂货车驾驶人从匝道违法驶入高速公路，在高速公路上违法低速行驶，其违法行为也在事故发生中起一定作用，是导致卧铺大客车追尾碰撞重型半挂货车的次要原因。

3 事故暴露出的问题

1）车辆方面的问题

（1）罐式半挂车出厂实际整备质量与《公告》参数不一致。《公告》核定该车型整备质量为 6.5t，实际该车整备质量为 9.9t，超出核定整备质量 3.4t。

（2）罐式半挂车的核定载货质量为 33.5t，实际装载质量为 35.22t，超载运输 1.72t。

2）事故还暴露出的其他问题

（1）内蒙古自治区呼和浩特市 ××（集团）有限责任公司未严格执行《内蒙古 ××（集团）有限责任公司驾驶员落地休息制度》，未认真督促事故大客车在凌晨 2h ~ 5h 期间停车休息，对事故大客车驾驶人夜间疲劳驾驶的问题失察。

（2）河南省焦作市 ×× 汽车运输有限责任公司，未纠正事故重型半挂货车驾驶人没有在公司内部备案、没有参加过安全教育培训等问题，对事故重型半挂货车未按规定配备两名合格驾驶人和超量装载危险货物等问题失察。

案例六　2011 年京珠高速公路河南信阳段“7.22”特别重大卧铺客车燃烧事故

1 事故概况

2011 年 7 月 21 日 10 时 7 分，事故客车从威海交运集团客运二分公司停车场出发前往湖南省长沙市，班线全长共计 1773km，至事故发生时已行驶 1254km，用时 17 时 40 分。

车辆发车前报班时，车上只有两名驾驶人和实际管理者共 3 人，且其中一名邹姓驾驶人提供的《客运班车驾驶员即时驾驶证明》显示不是本车驾驶人，不符合单程 800km 以上线路配备 3 名驾驶人的公司规定。因此，汽车站报班员要求车辆完备相关手续后再报班。但是，该车此后并未按照公司规定采取相关措施，也未再报班就直接出发了。

7 月 21 日 10 时 17 分，孙姓驾驶人将车开到位于威海火车站北 100m 处的威海市长峰基础公司院内，装载 10 箱偶氮二异庚腈和其他乘车人员。11 时 12 分，该车行至威海汽车站安检补票签章处附近停车上客，后经烟威高速离开威海，并沿烟威高速、204 国道、潍莱高速、青银高速、济广高速、日南高速、京珠高速路线方向行驶。21 日下午 17 时 40 分，该车行驶至青银高速和临淄至齐都公路立交桥时，装载另外 5 箱偶氮二异庚腈。车辆行驶过程中，在沿途多地上下旅客、装卸货物，在山东省邹平县境内开始超员，最后一次上客是在山东省菏泽市。

7月21日23时27分，事故客车从日南高速公路豫鲁收费站进入河南省境内。7月22日3时10分，事故客车在京珠高速公路确山服务区停车，车辆换由邹姓驾驶人驾驶。3时43分，当事故客车（实载47人）行驶至京珠高速公路河南省信阳市境内938km+115m处时，突然发生爆燃，客车继续前行145m至京珠高速公路938km+260m处，与道路中央隔离护栏剐蹭碰撞后停车，共造成41人死亡、6人受伤，客车严重烧毁，直接经济损失2342.06万元（图7–6）。

图7–6　河南京珠高速信阳段“7.22”事故

2 事故原因

鲁K08×××号大型卧铺客车违规运输15箱共300kg危险化学品偶氮二异庚腈并堆放在客车舱后部，偶氮二异庚腈在挤压、摩擦、发动机放热等综合因素作用下受热分解并发生爆燃。

3 事故暴露出的问题

1）车辆方面的问题

事故大型卧铺客车不是危险货物专用车辆，不具备运输危险货物资质。在没有任何安全防护的情况下，违法运输了15箱共300kg的易燃危险化学品偶氮二异庚腈。

2）事故还暴露出的其他问题

（1）威海 ×× 交运集团安全生产工作以包代管，与事故车辆承包人签订的《营运客车承包经营合同》中含有“途中上客由乙方（承包人）自售自收”的条款，默许事故车辆长期违规站外经营；未发现和治理解决事故车辆长期不进站报班发车、不按规定班次线路行驶、违规站外上客、人员超载、违规载货等安全隐患和问题。

（2）佳 × 公司和汇 × 公司未认真执行危险化学品安全生产管理制度，多次违规运输危险化学品；销售的偶氮二异庚腈没有化学品安全技术说明书，产品外包装也未按规定加贴或者拴挂化学品安全标签，不符合危险化学品包装标识的要求。

案例七　2005 年梨温高速公路江西上饶段“3.17”特大爆炸事故

1 事故概况

2005 年 3 月 17 日凌晨 4 时，浙江省衢州市 ×× 汽车运输集团有限公司浙 H00××× 大型卧铺客车行至江西省梨温高速公路上饶境内路段 48km+785m 处，追尾碰撞前方同方向行驶载 6t 黑火药的赣 A24××× 货车（该车挂靠江西省 ×× 汽车租赁服务有限公司），引发爆炸，造成 31 人死亡（客车上 28 人，货车上 3 人），直接经济损失 924.9 万元（图 7-7）。

2 事故原因

浙 H00××× 客车驾驶人夜间及雨天在高速公路上驾驶车辆未减速行驶，

且未与同车道前方车辆保持安全行车间距，正向偏右追尾碰撞赣 A24×××货车尾部引起爆炸。赣 A24×××货车严重超载，违法载运爆炸物品，未悬挂警示标志，在高速公路上未按规定车道行驶。湖南省××烟花材料厂、浙江省××烟花爆竹厂非法买卖、运输黑火药是造成事故严重后果的重要原因。

图 7-7 江西梨温高速公路上饶段“3.17”事故现场

3 事故暴露出的问题

1）车辆方面的问题

（1）运输黑火药的货车严重超载。车辆核定载质量 1.9t，拥有爆炸物限购 1t 的准购证，事故发生时实载 6t 黑火药。

（2）货车未悬挂危险货物运输车辆警示标志。

2）事故还暴露出的其他问题

（1）湖南省×××烟花材料厂违反《民用爆炸物品管理条例》，违法销售黑火药，在购买者未办理《爆炸物品购买证》的情况下为其销售黑火药，并未查验《爆炸物品购买证》即予发货。

（2）江西××汽车租赁服务有限公司忽视对挂靠车辆及驾驶员的安全管理，挂靠车辆超运输许可范围违法运输黑火药。浙江省××汽车有限公司对驾驶人安全教育不到位。

案例八 2005年京沪高速江苏淮安段“3.29”液氯泄漏特大事故

1 事故概况

2005年3月29日19时，淮安淮阴区境内京沪高速公路南行线沂淮江段103km+500m处，一辆装运40.44t液氯（核载15t）罐式半挂货车因左前轮突然爆胎，行驶方向失控撞毁中央护栏，冲入对向车道后并发生侧翻，与对向驶来的半挂车碰撞，致使液氯罐车所载液氯泄漏。事故造成29人中毒死亡，456人中毒住院治疗，1867人门诊留治（图7–8）。

图7–8 江苏京沪高速公路淮安段“3.29”事故

2 事故原因

肇事液氯重型罐式半挂货车严重超载，核定载质量为15t，事发时实际运载液氯多达40.44t，超载169.6%。车辆违规使用报废轮胎，导致左前轮爆胎，在行驶的过程中车辆侧翻，致使液氯泄漏。肇事车驾驶人、押运员在事故发生后逃离现场，失去最佳救援时机，直接导致事故后果的扩大。

3 事故暴露出的问题

（1）车辆违规使用安全性能不符合国家标准的报废轮胎，导致行驶过程中左前轮爆胎。

（2）车辆严重超载，核载 15t 的车辆实载 40.44t，超载 169.6%。

（3）车辆没有办理危险品道路运输通行证，属于违法运输。

案例九　2010 年山东省淄博市桓台县“11.8”重大道路交通事故

1 事故概况

2010 年 11 月 8 日 19 时，205 国道山东省淄博市桓台县段 597km+400m 处，一辆乘载 21 人（核载 19 人）的中型普通客车，因未按标志标线右转弯及避让直行车辆，与一辆载运 94.98t（核载 19t）“液碱”的重型罐式半挂车相撞。事故造成 13 人死亡、8 人受伤。

2 事故原因

（1）中型客车存在超员行驶，驾驶人在客车驶近事发路口处时，从重型罐式半挂牵引车左侧超越后，未注意与直行的重型罐式半挂牵引车保持安全距离，向右猛拐转弯，导致严重超载且超速行驶的重型罐式半挂牵引车不能及时制动停车而发生碰撞。

（2）重型罐式半挂牵引车严重超载（超载 395%）、超速行驶，导致遇前方中型普通客车猛拐时不能及时制动停车。

3 事故暴露出的问题

（1）重型罐式半挂车存在非法改装。

（2）车辆危险货物《道路运输证》脱审，长期超范围、超载运输。

（3）罐体没有经过危险品常压罐体检验。

案例十　2008 年京珠高速湖南耒宜段“2.18”重大道路交通事故

1 事故概况

2008 年 2 月 18 日 19 时，在京珠高速湖南耒宜段 471km+300m 处，湘 H91××× 大客车与豫 R16××× 重型罐式半挂车追尾，导致豫 R16××× 重型罐式半挂车装载的苯泄漏，引发大火，湘 H91××× 大客车立即起火燃烧；泄漏的苯和大火，沿着高速公路迅速蔓延，立即将豫 K33××× 半挂车、粤 B62××× 大客车引燃，造成 4 车剧烈燃烧。

2 事故原因

（1）事故路段通行条件差。从南往北连续下坡、弯道；雨天行车使路面摩擦系数减小，车辆距离增大。

（2）豫 R16××× 重型罐式半挂车驾驶人在遇前方同车道车辆缓慢行驶时未开启警示灯；湘 H91××× 大客车驾驶人没有控制好行驶车速，没有使大客车与前车保持足以采取紧急制动措施的安全距离，导致湘 H91××× 大客车与豫 R16××× 重型罐式半挂车追尾。

（3）两车追尾时，豫 R16××× 重型罐式半挂车的后防护装置向前挤压，使罐体出料管凸缘的紧固螺栓剪断，造成苯泄漏；追尾撞击产生的火花和追尾时湘 H91××× 大客车前部电路短路、断路产生的电火花引燃苯，造成现场 4 辆车剧烈燃烧。其中湘 H91××× 大客车上 33 人中 15 人被大火烧死（另有 2 人失踪），扩大了事故损失。

3 事故暴露出的问题

（1）事故多发路段的整治、隐患处置工作没有及时跟上。没有按照法律、法规和文件的要求，认真进行路况调查、评价、预测。

（2）豫 R16××× 重型罐式半挂车在广州 ×× 化工有限公司超装危险化学品苯 1.97t，属超载运输，通过收费站时，未按照《收费公路管理条例》规定，及时报告公安机关依法处理。

（3）×× 运输集团公司、×× 客运分公司对上路运行车辆没有安全监控设备，对驾驶人的安全教育培训不到位。

附录一

危险货物运输车辆安全使用涉及的法律法规、部门规章、规范性文件和技术标准

本附录主要整理汇编危险货物运输车辆及其使用涉及的法律法规、部门规章、规范性文件和技术标准的名称清单，并节选了主要法律法规的相关条款。

1 法律法规

近10年来我国加强对危险货物道路运输的管理，制定了一系列涉及危险货物运输车辆安全使用的法律法规，具体明细见附表1–1。

危险货物运输车辆安全使用涉及的主要法律法规明细　　附表1–1

序号	法律法规名称	最新实施时间	相关条款
1	刑法	2015.11.1	第125、133、133之一、134、135、136条
2	治安管理处罚法	2013.1.1	第30、31条
3	道路交通安全法	2011.5.1	第48条
4	消防法	2009.5.1	第22、23、62条
5	安全生产法	2014.12.1	第21、31、34、36、37、62、79、96、97、98条
6	突发事件应对法	2007.11.1	第23条
7	固体废物污染环境防治法	2015.4.24	第52、62、66条
8	放射性污染防治法	2003.10.1	第15、16条
9	道路运输条例	2013.1.1	第23、24、25、26、27、35条
10	危险化学品安全管理条例	2011.12.1	第6、7、10、17、18、19、43～51、63、64、71条
11	放射性物品运输安全管理条例	2010.1.1	全部
12	民用爆炸物品安全管理条例	2014.7.29	第3～6、26～30条
13	烟花爆竹安全管理条例	2006.1.21	第3、5、6、22～27条

注：本表未列举地方性法规和自治条例。

2 部门规章

国务院有关部门为加强危险货物道路运输的管理，落实国家有关法律法规的实施，针对危险货物道路运输车辆安全使用制定了一系列部门规章，具体明细见附表1–2。

危险货物运输车辆安全使用涉及的主要部门规章明细　　附表 1–2

序号	文件名称
1	机动车登记规定（公安部令第 102 号，124 号令修订）
2	道路危险货物运输管理规定（交通运输部令 2013 年第 2 号）
3	道路货物运输及站场管理规定（交通运输部令 2005 年第 6 号）
4	剧毒化学品购买和公路运输许可证件管理办法（公安部令第 77 号）
5	道路交通安全违法行为处理程序规定（公安部令 105 号）
6	道路交通事故处理程序规定（公安部令 104 号）
7	机动车驾驶证申领和使用规定（公安部令 123 号）
8	放射性物品道路运输管理规定（交通运输部令 2010 年第 6 号）
9	道路运输车辆动态监督管理办法（交通运输部、公安部、国家安全生产监督管理总局令 2014 年第 5 号）
10	机动车强制报废标准规定（商务部、国家发展和改革委员会、公安部、环境保护部令 2012 年第 12 号）

3 规范性文件

国务院及有关部门针对危险货物运输车辆的安全使用下发了一系列规范性文件，具体明细见附表 1–3。

危险货物运输车辆安全使用涉及的主要规范性文件明细　　附表 1–3

序号	文件名称
1	国务院关于加强道路交通安全工作的意见（国发〔2012〕30 号）
2	关于加强危险化学品道路运输安全管理的紧急通知（安监总危化〔2008〕54 号）
3	关于进一步加强道路危险货物运输安全管理工作的通知（交运发〔2014〕88 号）
4	关于进一步加强和改进民用爆炸物品烟花爆竹安全管理工作的通知（公通字〔2012〕2 号）
5	关于进一步加强公路客运车辆安全检查和危爆物品道路运输管理工作的紧急通知（公交管〔2014〕3 号）

续上表

序号	文件名称
6	关于加强危险品运输半挂牵引车《公告》管理要求的通知（中机函〔2014〕188号）
7	关于在用液体危险货物罐车加装紧急切断装置有关事项的通知（安监总管三〔2014〕74号）
8	关于明确在用液体危险货物罐车加装紧急切断装置液体介质范围的通知（安监总管三〔2014〕135号）
9	关于加强液体危险货物罐车紧急切断装置安装和使用管理的紧急通知（公交管〔2015〕36号）
10	关于危险化学品运输车辆常压罐体检验工作的意见（质检办特〔2014〕922号）
11	关于发布并实施《罐式危险品运输车及半挂车补充安全技术要求》的通知（工信部产业〔2012〕504号）
12	高速公路交通应急管理程序规定（公通字〔2008〕54号）
13	关于加强道路交通事故应急救援工作的通知（公交管〔2008〕176号）

4 技术标准

危险货物运输车辆安全使用涉及的主要标准见附表1-4。

危险货物运输车辆安全使用涉及的主要技术标准明细　　附表1-4

序号	类型	标准名称	标准号
1	危险货物	危险货物分类和品名编号	GB 6944—2012
2		危险化学品目录	国家安监总局、公安部等10部委发布，2015版
3		危险货物品名表	GB 12268—2012
4		危险货物包装标志	GB 190—2009
5		化学品安全标签编写规定	GB 15258—2009
6		化学品安全技术说明书 内容和项目顺序	GB/T 16483—2008
7	整车	机动车运行安全技术条件	GB 7258—2012
8		汽车、挂车及汽车列车外廓尺寸、轴荷及质量限值	GB 1589—2016

续上表

序号	类型	标准名称	标准号
9	整车	危险货物运输车辆结构要求	GB 21668—2008
10		道路运输危险货物车辆标志	GB 13392—2005
11		道路运输爆炸品和剧毒化学品车辆安全技术条件	GB 20300—2006
12		爆破器材运输车安全技术条件	国防科工委（科工爆〔2001〕156号）印发
13		液化气体运输车	GB/T 19905—2005
14		低温液体汽车罐车	JB/T 4783—2007
15		低温液体罐式集装箱	JB/T 4784—2007
16		民用爆炸物品运输车安全技术条件	WJ 9073—2012
17	罐体及气瓶压力容器	道路运输液体危险货物罐式车辆 第1部分：金属常压罐体技术要求	GB 18564.1—2006
18		道路运输液体危险货物罐式车辆 第2部分：非金属常压罐体技术要求	GB 18564.2—2008
19		压力容器	GB 150—2011
20	安全装置和安全附件	车辆车速限制系统技术要求	GB/T 24545—2009
21		汽车行驶记录仪	GB/T 19056—2012
22		道路运输车辆卫星定位系统车载终端技术要求	JT/T 794—2011
23		危险化学品汽车运输安全监控车载终端	AQ 3004—2005
24		机动车排气火花熄灭器	GB 13365—2005
25		道路运输液体危险货物罐式车辆紧急切断阀	QC/T 932—2012
26	检验	机动车安全技术检验项目和方法	GB 21861—2014
27		道路运输车辆综合性能要求和检验方法	GB 18565—2016
28		道路运输车辆技术等级划分和评定要求	JT/T 198—2016
29		压力容器定期检验规则	TSG R 7001—2013
30		机动车查验工作规程	GA 801—2014

续上表

序号	类型	标准名称	标准号
31	安全使用和操作	汽车运输危险货物规则	JT 617—2004
32		汽车运输装卸危险货物作业规程	JT 618—2004
33		放射性物质安全运输	GB 11806—2004
34		危险货物运输包装通用技术条件	GB 12463—2009
35		移动式压力容器安全技术监察规程	TSG R 0005—2011
36		汽车维护、检测、诊断技术规范	GB/T 18344—2001

5 主要法律法规相关条款节选

1）刑法

第一百二十五条　非法制造、买卖、运输、邮寄、储存枪支、弹药、爆炸物的，处三年以上十年以下有期徒刑；情节严重的，处十年以上有期徒刑、无期徒刑或者死刑。

非法制造、买卖、运输、储存毒害性、放射性、传染病病原体等物质，危害公共安全的，依照前款的规定处罚。

单位犯前两款罪的，对单位判处罚金，并对其直接负责的主管人员和其他直接责任人员，依照第一款的规定处罚。

第一百三十三条　违反交通运输管理法规，因而发生重大事故，致人重伤、死亡或者使公私财产遭受重大损失的，处三年以下有期徒刑或者拘役；交通运输肇事后逃逸或者有其他特别恶劣情节的，处三年以上七年以下有期徒刑；因逃逸致人死亡的，处七年以上有期徒刑。

第一百三十三条　在道路上驾驶机动车，有下列情形之一的，处拘役，并处罚金：

（一）追逐竞驶，情节恶劣的；

（二）醉酒驾驶机动车的；

（三）从事校车业务或者旅客运输，严重超过额定乘员载客，或者严重超过规定时速行驶的；

（四）违反危险化学品安全管理规定运输危险化学品，危及公共安全的。

机动车所有人、管理人对前款第三项、第四项行为负有直接责任的，依照前款的规定处罚。有前两款行为，同时构成其他犯罪的，依照处罚较重的规定定罪处罚。

第一百三十四条　在生产、作业中违反有关安全管理的规定，因而发生重大伤亡事故或者造成其他严重后果的，处三年以下有期徒刑或者拘役；情节特别恶劣的，处三年以上七年以下有期徒刑。

强令他人违章冒险作业，因而发生重大伤亡事故或者造成其他严重后果的，处五年以下有期徒刑或者拘役；情节特别恶劣的，处五年以上有期徒刑。

第一百三十五条　安全生产设施或者安全生产条件不符合国家规定，因而发生重大伤亡事故或者造成其他严重后果的，对直接负责的主管人员和其他直接责任人员，处三年以下有期徒刑或者拘役；情节特别恶劣的，处三年以上七年以下有期徒刑。

第一百三十六条　违反爆炸性、易燃性、放射性、毒害性、腐蚀性物品的管理规定，在生产、储存、运输、使用中发生重大事故，造成严重后果的，处三年以下有期徒刑或者拘役；后果特别严重的，处三年以上七年以下有期徒刑。

2）治安管理处罚法

第三十条　违反国家规定，制造、买卖、储存、运输、邮寄、携带、使用、提供、处置爆炸性、毒害性、放射性、腐蚀性物质或者传染病病原体等危险物质的，处10日以上15日以下拘留；情节较轻的，处5日以上10日以下拘留。

第三十一条　爆炸性、毒害性、放射性、腐蚀性物质或者传染病病原体等危险物质被盗、被抢或者丢失，未按规定报告的，处5日以下拘留；故意隐瞒不报的，处5日以上10日以下拘留。

3）道路交通安全法

第四十八条　机动车载运爆炸物品、易燃易爆化学物品以及剧毒、放射性等危险物品，应当经公安机关批准后，按指定的时间、路线、速度行驶，悬挂警示标志并采取必要的安全措施。

4）消防法

第二十二条　生产、储存、装卸易燃易爆危险品的工厂、仓库和专用车站、码头的设置，应当符合消防技术标准。易燃易爆气体和液体的充装站、供应站、调压站，应当设置在符合消防安全要求的位置，并符合防火防爆要求。

已经设置的生产、储存、装卸易燃易爆危险品的工厂、仓库和专用车站、码头，易燃易爆气体和液体的充装站、供应站、调压站，不再符合前款规定的，地方人民政府应当组织、协调有关部门、单位限期解决，消除安全隐患。

第二十三条　生产、储存、运输、销售、使用、销毁易燃易爆危险品，必须执行消防技术标准和管理规定。

进入生产、储存易燃易爆危险品的场所，必须执行消防安全规定。禁止非法携带易燃易爆危险品进入公共场所或者乘坐公共交通工具。

储存可燃物资仓库的管理，必须执行消防技术标准和管理规定。

第六十二条　有下列行为之一的，依照《中华人民共和国治安管理处罚法》的规定处罚：

（一）违反有关消防技术标准和管理规定生产、储存、运输、销售、使用、销毁易燃易爆危险品的；

（二）非法携带易燃易爆危险品进入公共场所或者乘坐公共交通工具的。

5）安全生产法

第二十一条　矿山、金属冶炼、建筑施工、道路运输单位和危险物品的生产、经营、储存单位，应当设置安全生产管理机构或者配备专职安全生产管理人员。

前款规定以外的其他生产经营单位，从业人员超过一百人的，应当设置安全生产管理机构或者配备专职安全生产管理人员；从业人员在一百人以下的，应当配备专职或者兼职的安全生产管理人员。

第三十一条　矿山、金属冶炼建设项目和用于生产、储存、装卸危险物品的建设项目的施工单位必须按照批准的安全设施设计施工，并对安全设施的工程质量负责。

矿山、金属冶炼建设项目和用于生产、储存危险物品的建设项目竣工投入生产或者使用前，应当由建设单位负责组织对安全设施进行验收；验收合格后，方可投入生产和使用。安全生产监督管理部门应当加强对建设单位验收活动和验收结果的监督核查。

第三十四条　生产经营单位使用的危险物品的容器、运输工具，以及涉及人身安全、危险性较大的海洋石油开采特种设备和矿山井下特种设备，必须按照国家有关规定，由专业生产单位生产，并经具有专业资质的检测、检验机构检测、检验合格，取得安全使用证或者安全标志，方可投入使用。检测、检验机构对检测、检验结果负责。

第三十六条　生产、经营、运输、储存、使用危险物品或者处置废弃危险物品的，由有关主管部门依照有关法律、法规的规定和国家标准或者行业标准审批并实施监督管理。

生产经营单位生产、经营、运输、储存、使用危险物品或者处置废弃危险物品，必须执行有关法律、法规和国家标准或者行业标准，建立专门的安全管理制度，采取可靠的安全措施，接受有关主管部门依法实施的监督管理。

第六十二条　安全生产监督管理部门和其他负有安全生产监督管理职责的部门依法开展安全生产行政执法工作，对生产经营单位执行有关安全生产的法律、法规和国家标准或者行业标准的情况进行监督检查，行使以下职权：……

（四）对有根据认为不符合保障安全生产的国家标准或者行业标准的设施、

设备、器材以及违法生产、储存、使用、经营、运输的危险物品予以查封或者扣押，对违法生产、储存、使用、经营危险物品的作业场所予以查封，并依法做出处理决定。……

第七十九条　危险物品的生产、经营、储存单位以及矿山、金属冶炼、城市轨道交通运营、建筑施工单位应当建立应急救援组织；生产经营规模较小的，可以不建立应急救援组织，但应当指定兼职的应急救援人员。

危险物品的生产、经营、储存、运输单位以及矿山、金属冶炼、城市轨道交通运营、建筑施工单位应当配备必要的应急救援器材、设备和物资，并进行经常性维护、保养，保证正常运转。

第九十四条　生产经营单位有下列行为之一的，责令限期改正，可以处五万元以下的罚款；逾期未改正的，责令停产停业整顿，并处五万元以上十万元以下的罚款，对其直接负责的主管人员和其他直接责任人员处一万元以上二万元以下的罚款：……

（二）危险物品的生产、经营、储存单位以及矿山、金属冶炼、建筑施工、道路运输单位的主要负责人和安全生产管理人员未按照规定经考核合格的；……

第九十六条　生产经营单位有下列行为之一的，责令限期改正，可以处五万元以下的罚款；逾期未改正的，处五万元以上二十万元以下的罚款，对其直接负责的主管人员和其他直接责任人员处一万元以上二万元以下的罚款；情节严重的，责令停产停业整顿；构成犯罪的，依照刑法有关规定追究刑事责任：……

（五）危险物品的容器、运输工具，以及涉及人身安全、危险性较大的海洋石油开采特种设备和矿山井下特种设备未经具有专业资质的机构检测、检验合格，取得安全使用证或者安全标志，投入使用的；……

第九十七条　未经依法批准，擅自生产、经营、运输、储存、使用危险物品或者处置废弃危险物品的，依照有关危险物品安全管理的法律、行政法规的规定予以处罚；构成犯罪的，依照刑法有关规定追究刑事责任。

第九十八条 生产经营单位有下列行为之一的，责令限期改正，可以处十万元以下的罚款；逾期未改正的，责令停产停业整顿，并处十万元以上二十万元以下的罚款，对其直接负责的主管人员和其他直接责任人员处二万元以上五万元以下的罚款；构成犯罪的，依照刑法有关规定追究刑事责任：

（一）生产、经营、运输、储存、使用危险物品或者处置废弃危险物品，未建立专门安全管理制度、未采取可靠的安全措施的；……

6）突发事件应对法

第二十三条 矿山、建筑施工单位和易燃易爆物品、危险化学品、放射性物品等危险物品的生产、经营、储运、使用单位，应当制定具体应急预案，并对生产经营场所、有危险物品的建筑物、构筑物及周边环境开展隐患排查，及时采取措施消除隐患，防止发生突发事件。

7）固体废物污染环境防治法

第五十二条 对危险废物的容器和包装物以及收集、储存、运输、处置危险废物的设施、场所，必须设置危险废物识别标志。

第六十二条 产生、收集、储存、运输、利用、处置危险废物的单位，应当制定意外事故的防范措施和应急预案，并向所在地县级以上地方人民政府环境保护行政主管部门备案；环境保护行政主管部门应当进行检查。

第六十六条 禁止经中华人民共和国过境转移危险废物。

8）放射性污染防治法

第十五条 运输放射性物质和含放射源的射线装置，应当采取有效措施，防止放射性污染。具体办法由国务院规定。

第十六条 放射性物质和射线装置应当设置明显的放射性标识和中文警示说明。生产、销售、使用、储存、处置放射性物质和射线装置的场所，以及运输放射性物质和含放射源的射线装置的工具，应当设置明显的放射性标志。

9）道路运输条例

第二十三条　申请从事危险货物运输经营的，还应当具备下列条件：

（一）有5辆以上经检测合格的危险货物运输专用车辆、设备；

（二）有经所在地设区的市级人民政府交通主管部门考试合格，取得上岗资格证的驾驶人员、装卸管理人员、押运人员；

（三）危险货物运输专用车辆配有必要的通信工具；

（四）有健全的安全生产管理制度。

第二十四条　申请从事货运经营的，应当按照下列规定提出申请并分别提交符合本条例第二十二条、第二十四条规定条件的相关材料：

（一）从事危险货物运输经营以外的货运经营的，向县级道路运输管理机构提出申请；

（二）从事危险货物运输经营的，向设区的市级道路运输管理机构提出申请。

依照前款规定收到申请的道路运输管理机构，应当自受理申请之日起20日内审查完毕，做出许可或者不予许可的决定。予以许可的，向申请人颁发道路运输经营许可证，并向申请人投入运输的车辆配发车辆营运证；不予许可的，应当书面通知申请人并说明理由。

货运经营者应当持道路运输经营许可证依法向工商行政管理机关办理有关登记手续。

第二十五条　货运经营者不得运输法律、行政法规禁止运输的货物。

法律、行政法规规定必须办理有关手续后方可运输的货物，货运经营者应当查验有关手续。

第二十六条　国家鼓励货运经营者实行封闭式运输，保证环境卫生和货物运输安全。

货运经营者应当采取必要措施，防止货物脱落、扬撒等。

运输危险货物应当采取必要措施，防止危险货物燃烧、爆炸、辐射、泄漏等。

第二十七条 运输危险货物应当配备必要的押运人员，保证危险货物处于押运人员的监管之下，并悬挂明显的危险货物运输标志。

托运危险货物的，应当向货运经营者说明危险货物的品名、性质、应急处置方法等情况，并严格按照国家有关规定包装，设置明显标志。

第三十五条 客运经营者、危险货物运输经营者应当分别为旅客或者危险货物投保承运人责任险。

10）危险化学品安全管理条例

第六条 对危险化学品的生产、储存、使用、经营、运输实施安全监督管理的有关部门（以下统称负有危险化学品安全监督管理职责的部门），依照下列规定履行职责：

（一）安监部门负责危险化学品安全监督管理综合工作，组织确定、公布、调整危险化学品目录，对新建、改建、扩建生产、储存危险化学品（包括使用长输管道输送危险化学品，下同）的建设项目进行安全条件审查，核发危险化学品安全生产许可证、危险化学品安全使用许可证和危险化学品经营许可证，并负责危险化学品登记工作。

（二）公安机关负责危险化学品的公共安全管理，核发剧毒化学品购买许可证、剧毒化学品道路运输通行证，并负责危险化学品运输车辆的道路交通安全管理。

（三）质检部门负责核发危险化学品及其包装物、容器（不包括储存危险化学品的固定式大型储罐，下同）生产企业的工业产品生产许可证，并依法对其产品质量实施监督，负责对进出口危险化学品及其包装实施检验。

（四）环保部门负责废弃危险化学品处置的监督管理，组织危险化学品的环境危害性鉴定和环境风险程度评估，确定实施重点环境管理的危险化学品，负责危险化学品环境管理登记和新化学物质环境管理登记；依照职责分工调查相关危险化学品环境污染事故和生态破坏事件，负责危险化学品事故现场的应急环境监测。

（五）交通部门负责危险化学品道路运输、水路运输的许可以及运输工具的安全管理，对危险化学品水路运输安全实施监督，负责危险化学品道路运输企业、水路运输企业驾驶人员、船员、装卸管理人员、押运人员、申报人员、集装箱装箱现场检查员的资格认定。铁路监管部门负责危险化学品铁路运输及其运输工具的安全管理。民航部门负责危险化学品航空运输以及航空运输企业及其运输工具的安全管理。

（六）卫生部门负责危险化学品毒性鉴定的管理，负责组织、协调危险化学品事故受伤人员的医疗卫生救援工作。

（七）工商行政部门依据有关部门的许可证件，核发危险化学品生产、储存、经营、运输企业营业执照，查处危险化学品经营企业违法采购危险化学品的行为。

（八）邮政部门负责依法查处寄递危险化学品的行为。

第七条　负有危险化学品安全监督管理职责的部门依法进行监督检查，可以采取下列措施：

（一）进入危险化学品作业场所实施现场检查，向有关单位和人员了解情况，查阅、复制有关文件、资料；

（二）发现危险化学品事故隐患，责令立即消除或者限期消除；

（三）对不符合法律、行政法规、规章规定或者国家标准、行业标准要求的设施、设备、装置、器材、运输工具，责令立即停止使用；

（四）经本部门主要负责人批准，查封违法生产、储存、使用、经营危险化学品的场所，扣押违法生产、储存、使用、经营、运输的危险化学品以及用于违法生产、使用、运输危险化学品的原材料、设备、运输工具；

（五）发现影响危险化学品安全的违法行为，当场予以纠正或者责令限期改正。

负有危险化学品安全监督管理职责的部门依法进行监督检查，监督检查人员不得少于2人，并应当出示执法证件；有关单位和个人对依法进行的监督检查应当予以配合，不得拒绝、阻碍。

第十条 国家鼓励危险化学品生产企业和使用危险化学品从事生产的企业采用有利于提高安全保障水平的先进技术、工艺、设备以及自动控制系统，鼓励对危险化学品实行专门储存、统一配送、集中销售。

第十七条 危险化学品的包装应当符合法律、行政法规、规章的规定以及国家标准、行业标准的要求。

危险化学品包装物、容器的材质以及危险化学品包装的型式、规格、方法和单件质量（重量），应当与所包装的危险化学品的性质和用途相适应。

第十八条 生产列入国家实行生产许可证制度的工业产品目录的危险化学品包装物、容器的企业，应当依照《中华人民共和国工业产品生产许可证管理条例》的规定，取得工业产品生产许可证；其生产的危险化学品包装物、容器经国务院质量监督检验检疫部门认定的检验机构检验合格，方可出厂销售。

运输危险化学品的船舶及其配载的容器，应当按照国家船舶检验规范进行生产，并经海事管理机构认定的船舶检验机构检验合格，方可投入使用。

对重复使用的危险化学品包装物、容器，使用单位在重复使用前应当进行检查；发现存在安全隐患的，应当维修或者更换。使用单位应当对检查情况作出记录，记录的保存期限不得少于2年。

第十九条 危险化学品生产装置或者储存数量构成重大危险源的危险化学品储存设施（运输工具、加油站、加气站除外），与下列场所、设施、区域的距离应当符合国家有关规定：

（一）居住区以及商业中心、公园等人员密集场所；

（二）学校、医院、影剧院、体育场（馆）等公共设施；

（三）饮用水源、水厂以及水源保护区；

（四）车站、码头（依法经许可从事危险化学品装卸作业的除外）、机场以及通信干线、通信枢纽、铁路线路、道路交通干线、水路交通干线、地铁风亭以及地铁站出入口；

（五）基本农田保护区、基本草原、畜禽遗传资源保护区、畜禽规模化养殖场（养殖小区）、渔业水域以及种子、种畜禽、水产苗种生产基地；

（六）河流、湖泊、风景名胜区、自然保护区；

（七）军事禁区、军事管理区；

（八）法律、行政法规规定的其他场所、设施、区域。

已建的危险化学品生产装置或者储存数量构成重大危险源的危险化学品储存设施不符合前款规定的，由所在地设区的市级人民政府安全生产监督管理部门会同有关部门监督其所属单位在规定期限内进行整改；需要转产、停产、搬迁、关闭的，由本级人民政府决定并组织实施。

储存数量构成重大危险源的危险化学品储存设施的选址，应当避开地震活动断层和容易发生洪灾、地质灾害的区域。

本条例所称重大危险源，是指生产、储存、使用或者搬运危险化学品，且危险化学品的数量等于或者超过临界量的单元（包括场所和设施）。

第四十三条　从事危险化学品道路运输、水路运输的，应当分别依照有关道路运输、水路运输的法律、行政法规的规定，取得危险货物道路运输许可、危险货物水路运输许可，并向工商行政部门办理登记手续。

危险化学品道路运输企业、水路运输企业应当配备专职安全管理人员。

第四十四条　危险化学品道路运输企业、水路运输企业的驾驶人员、船员、装卸管理人员、押运人员、申报人员、集装箱装箱现场检查员应当经交通部门考核合格，取得从业资格。具体办法由国务院交通部门制定。

危险化学品的装卸作业应当遵守安全作业标准、规程和制度，并在装卸管理人员的现场指挥或者监控下进行。水路运输危险化学品的集装箱装箱作业应当在集装箱装箱现场检查员的指挥或者监控下进行，并符合积载、隔离的规范和要求；

装箱作业完毕后，集装箱装箱现场检查员应当签署装箱证明书。

第四十五条　运输危险化学品，应当根据危险化学品的危险特性采取相应的安全防护措施，并配备必要的防护用品和应急救援器材。

用于运输危险化学品的槽罐以及其他容器应当封口严密，能够防止危险化学品在运输过程中因温度、湿度或者压力的变化发生渗漏、洒漏；槽罐以及其他容器的溢流和泄压装置应当设置准确、起闭灵活。

运输危险化学品的驾驶人员、船员、装卸管理人员、押运人员、申报人员、集装箱装箱现场检查员，应当了解所运输的危险化学品的危险特性及其包装物、容器的使用要求和出现危险情况时的应急处置方法。

第四十六条　通过道路运输危险化学品的，托运人应当委托依法取得危险货物道路运输许可的企业承运。

第四十七条　通过道路运输危险化学品的，应当按照运输车辆的核定载质量装载危险化学品，不得超载。

危险化学品运输车辆应当符合国家标准要求的安全技术条件，并按照国家有关规定定期进行安全技术检验。

危险化学品运输车辆应当悬挂或者喷涂符合国家标准要求的警示标志。

第四十八条　通过道路运输危险化学品的，应当配备押运人员，并保证所运输的危险化学品处于押运人员的监控之下。

运输危险化学品途中因住宿或者发生影响正常运输的情况，需要较长时间停车的，驾驶人员、押运人员应当采取相应的安全防范措施；运输剧毒化学品或者易制爆危险化学品的，还应当向当地公安机关报告。

第四十九条　未经公安机关批准，运输危险化学品的车辆不得进入危险化学品运输车辆限制通行的区域。危险化学品运输车辆限制通行的区域由县级公安机关划定，并设置明显的标志。

第五十条　通过道路运输剧毒化学品的，托运人应当向运输始发地或者目的地县级公安机关申请剧毒化学品道路运输通行证。

申请剧毒化学品道路运输通行证，托运人应当向县级公安机关提交下列材料：

（一）拟运输的剧毒化学品品种、数量的说明；

（二）运输始发地、目的地、运输时间和运输路线的说明；

（三）承运人取得危险货物道路运输许可、运输车辆取得营运证以及驾驶人员、押运人员取得上岗资格的证明文件；

（四）本条例第三十八条第一款、第二款规定的购买剧毒化学品的相关许可证件，或者海关出具的进出口证明文件。

县级公安机关应当自收到前款规定的材料之日起 7 日内，做出批准或者不予批准的决定。予以批准的，颁发剧毒化学品道路运输通行证；不予批准的，书面通知申请人并说明理由。

剧毒化学品道路运输通行证管理办法由国务院公安部门制定。

第五十一条　剧毒化学品、易制爆危险化学品在道路运输途中丢失、被盗、被抢或者出现流散、泄漏等情况的，驾驶人员、押运人员应当立即采取相应的警示措施和安全措施，并向当地公安机关报告。公安机关接到报告后，应当根据实际情况立即向安监部门、环保部门、卫生部门通报。有关部门应当采取必要的应急处置措施。

第六十三条　托运危险化学品的，托运人应当向承运人说明所托运的危险化学品的种类、数量、危险特性以及发生危险情况的应急处置措施，并按照国家有关规定对所托运的危险化学品妥善包装，在外包装上设置相应的标志。

运输危险化学品需要添加抑制剂或者稳定剂的，托运人应当添加，并将有关情况告知承运人。

第六十四条　托运人不得在托运的普通货物中夹带危险化学品，不得将危险化学品匿报或者谎报为普通货物托运。

任何单位和个人不得交寄危险化学品或者在邮件、快件内夹带危险化学品，不得将危险化学品匿报或者谎报为普通物品交寄。邮政企业、快递企业不得收寄危险化学品。

对涉嫌违反本条第一款、第二款规定的，交通部门、邮政部门可以依法开拆查验。

第七十一条　发生危险化学品事故，事故单位主要负责人应当立即按照本单位危险化学品应急预案组织救援，并向当地安监部门和环保、公安、卫生部门报告；道路运输、水路运输过程中发生危险化学品事故的，驾驶人员、船员或者押运人员还应当向事故发生地交通部门报告。

11）放射性物品运输安全管理条例

略。

12）民用爆炸物品安全管理条例

第三条　国家对民用爆炸物品的生产、销售、购买、运输和爆破作业实行许可证制度。

未经许可，任何单位或者个人不得生产、销售、购买、运输民用爆炸物品，不得从事爆破作业。

严禁转让、出借、转借、抵押、赠送、私藏或者非法持有民用爆炸物品。

第四条　民用爆炸物品行业主管部门负责民用爆炸物品生产、销售的安全监督管理。

公安机关负责民用爆炸物品公共安全管理和民用爆炸物品购买、运输、爆破作业的安全监督管理，监控民用爆炸物品流向。

安全生产监督、铁路、交通、民用航空主管部门依照法律、行政法规的规定，负责做好民用爆炸物品的有关安全监督管理工作。

民用爆炸物品行业主管部门、公安机关、工商行政管理部门按照职责分工，负责组织查处非法生产、销售、购买、储存、运输、邮寄、使用民用爆炸物品的行为。

第五条　民用爆炸物品生产、销售、购买、运输和爆破作业单位（以下称民用爆炸物品从业单位）的主要负责人是本单位民用爆炸物品安全管理责任人，对本单位的民用爆炸物品安全管理工作全面负责。

民用爆炸物品从业单位是治安保卫工作的重点单位，应当依法设置治安保卫机构或者配备治安保卫人员，设置技术防范设施，防止民用爆炸物品丢失、被盗、被抢。

民用爆炸物品从业单位应当建立安全管理制度、岗位安全责任制度，制订安全防范措施和事故应急预案，设置安全管理机构或者配备专职安全管理人员。

第六条　无民事行为能力人、限制民事行为能力人或者曾因犯罪受过刑事处罚的人，不得从事民用爆炸物品的生产、销售、购买、运输和爆破作业。

民用爆炸物品从业单位应当加强对本单位从业人员的安全教育、法制教育和岗位技术培训，从业人员经考核合格的，方可上岗作业；对有资格要求的岗位，应当配备具有相应资格的人员。

第二十六条　运输民用爆炸物品，收货单位应当向运达地县级人民政府公安机关提出申请，并提交包括下列内容的材料：

（一）民用爆炸物品生产企业、销售企业、使用单位以及进出口单位分别提供的《民用爆炸物品生产许可证》、《民用爆炸物品销售许可证》、《民用爆炸物品购买许可证》或者进出口批准证明；

（二）运输民用爆炸物品的品种、数量、包装材料和包装方式；

（三）运输民用爆炸物品的特性、出现险情的应急处置方法；

（四）运输时间、起始地点、运输路线、经停地点。

受理申请的公安机关应当自受理申请之日起 3 日内对提交的有关材料进行审查，对符合条件的，核发《民用爆炸物品运输许可证》；对不符合条件的，不予核发《民用爆炸物品运输许可证》，书面向申请人说明理由。

《民用爆炸物品运输许可证》应当载明收货单位、销售企业、承运人，一次性运输有效期限、起始地点、运输路线、经停地点，民用爆炸物品的品种、数量。

第二十七条　运输民用爆炸物品的，应当凭《民用爆炸物品运输许可证》，按照许可的品种、数量运输。

第二十八条　经由道路运输民用爆炸物品的，应当遵守下列规定：

（一）携带《民用爆炸物品运输许可证》；

（二）民用爆炸物品的装载符合国家有关标准和规范，车厢内不得载人；

（三）运输车辆安全技术状况应当符合国家有关安全技术标准的要求，并按照规定悬挂或者安装符合国家标准的易燃易爆危险物品警示标志；

（四）运输民用爆炸物品的车辆应当保持安全车速；

（五）按照规定的路线行驶，途中经停应当有专人看守，并远离建筑设施和人口稠密的地方，不得在许可以外的地点经停；

（六）按照安全操作规程装卸民用爆炸物品，并在装卸现场设置警戒，禁止无关人员进入；

（七）出现危险情况立即采取必要的应急处置措施，并报告当地公安机关。

第二十九条　民用爆炸物品运达目的地，收货单位应当进行验收后在《民用爆炸物品运输许可证》上签注，并在 3 日内将《民用爆炸物品运输许可证》交回发证机关核销。

第三十条　禁止携带民用爆炸物品搭乘公共交通工具或者进入公共场所。

禁止邮寄民用爆炸物品，禁止在托运的货物、行李、包裹、邮件中夹带民用爆炸物品。

13）烟花爆竹安全管理条例

第三条　国家对烟花爆竹的生产、经营、运输和举办焰火晚会以及其他大型焰火燃放活动，实行许可证制度。

未经许可，任何单位或者个人不得生产、经营、运输烟花爆竹，不得举办焰火晚会以及其他大型焰火燃放活动。

第五条　公安部门、安全生产监督管理部门、质量监督检验部门、工商行政管理部门应当按照职责分工，组织查处非法生产、经营、储存、运输、邮寄烟花爆竹以及非法燃放烟花爆竹的行为。

第六条　烟花爆竹生产、经营、运输企业和焰火晚会以及其他大型焰火燃放活动主办单位的主要负责人，对本单位的烟花爆竹安全工作负责。

烟花爆竹生产、经营、运输企业和焰火晚会以及其他大型焰火燃放活动主办单位应当建立健全安全责任制，制定各项安全管理制度和操作规程，并对从业人员定期进行安全教育、法制教育和岗位技术培训。

中华全国供销合作总社应当加强对本系统企业烟花爆竹经营活动的管理。

第二十二条　经由道路运输烟花爆竹的，应当经公安部门许可。

经由铁路、水路、航空运输烟花爆竹的，依照铁路、水路、航空运输安全管理的有关法律、法规、规章的规定执行。

第二十三条　经由道路运输烟花爆竹的，托运人应当向运达地县级人民政府公安部门提出申请，并提交下列有关材料：

（一）承运人从事危险货物运输的资质证明；

（二）驾驶员、押运员从事危险货物运输的资格证明；

（三）危险货物运输车辆的道路运输证明；

（四）托运人从事烟花爆竹生产、经营的资质证明；

（五）烟花爆竹的购销合同及运输烟花爆竹的种类、规格、数量；

（六）烟花爆竹的产品质量和包装合格证明；

（七）运输车辆牌号、运输时间、起始地点、行驶路线、经停地点。

第二十四条　受理申请的公安部门应当自受理申请之日起 3 日内对提交的有关材料进行审查，对符合条件的，核发《烟花爆竹道路运输许可证》；对不符合条件的，应当说明理由。

《烟花爆竹道路运输许可证》应当载明托运人、承运人、一次性运输有效期限、起始地点、行驶路线、经停地点、烟花爆竹的种类、规格和数量。

第二十五条　经由道路运输烟花爆竹的，除应当遵守《中华人民共和国道路交通安全法》外，还应当遵守下列规定：

（一）随车携带《烟花爆竹道路运输许可证》；

（二）不得违反运输许可事项；

（三）运输车辆悬挂或者安装符合国家标准的易燃易爆危险物品警示标志；

（四）烟花爆竹的装载符合国家有关标准和规范；

（五）装载烟花爆竹的车厢不得载人；

（六）运输车辆限速行驶，途中经停必须有专人看守；

（七）出现危险情况立即采取必要的措施，并报告当地公安部门。

第二十六条　烟花爆竹运达目的地后，收货人应当在3日内将《烟花爆竹道路运输许可证》交回发证机关核销。

第二十七条　禁止携带烟花爆竹搭乘公共交通工具。

禁止邮寄烟花爆竹，禁止在托运的行李、包裹、邮件中夹带烟花爆竹。

附录二

国外危险货物运输管理简介

本附录从不同侧面简要介绍了国外危险货物运输管理，包括欧盟公路危险货物运输安全管理规则、北美地区危险货物运输应急救援等方面内容的介绍。希望能给我国道路危险货物运输管理和从业人员提供借鉴和参考作用。

一、欧盟公路危险货物运输安全管理规则简介

欧洲运输部为欧盟公路危险货物运输管理的主要机构，负责危险货物运输的信息沟通和技术支持工作，并在欧盟范围内进行相关安全监管协调。欧盟各成员国的管理机构具体开展安全事务管理。

1 欧盟公路危险货物运输规则

欧盟危险货物运输法规体系由联合国建议书指导下的两个系统组成：一是空运和海运所遵循的国际民航组织规则和国际海运危险货运规则；二是在欧陆运输模式下要求遵守的三个规则：《国际公路运输危险货物协定》、《国际铁路运输危险货物规则》和《国际内河运输危险货物协定》。其中，《国际公路运输危险货物协定》（以下简称“ADR”）适用于公路运输危险货物，包含了欧洲内陆危险物质公路运输安全规则，明确了各相关人员的责任和要求，保证了公路危险货物运输的安全性。

ADR 的起草具体由“欧洲经济委员会运输处”组织编写，经“联合国附属专家委员会”讨论通过后，由“ADR 联合会”研究后决定采用；特殊情况下，ADR 还需由“欧洲委员会”作进一步研究讨论。为保证 ADR 与联合国相关规定统一，满足欧洲工业和政府特殊需求以及 ADR 的顺利实施，联合国欧洲经济委员会内陆运输分委会工作组逐年修正完善 ADR 相关规定，在应用新规则的同时废止一些旧的规则。

2 欧盟公路危险货物运输管理特点

一是在欧盟大框架下各国拥有自己的规则和管理体系。欧盟的公路危险货

物运输安全管理机构主要起到协调、沟通和总体监管的作用，且 ADR 仅作为一个管理规则，具体实施过程中仍需要各国相关管理部门在 ADR 协定前提下制定相关法律规定予以配合，确保危险货物公路运输按照 ADR 规则要求实施。许多 ADR 缔约国在 ADR 的基础上结合本国特点制定了本国的法律规定，使得在某些条款上更为细致，尽管 ADR 已十分详细且具有可操作性。例如，联邦德国公路危险货物运输以 ADR 为依据，结合本国国情制定了联邦德国危险货物公路运输法。另外，遵循《国际铁路运输危险货物规则》（RID）和 ADR，制定《公路与铁路危险货物运输规则》，德国铁路部门编写了适合现场操作的《危险货物运输安全措施》，便于从业人员使用。

二是根据运输便利的要求，各国形成各种危险货物运输协议。除了欧盟多个成员国缔结 ADR 等危险货物运输协议外，欧洲各国还从运输便利、交流便捷的角度出发，形成了其他危险货物运输协议。

三是成员国之间分享危险货物运输信息。对于公路危险货物运输，欧盟各国有关当局可以在其管辖范围内且不破坏公路运输服务的前提下，在任何时间开展现场检查，以核实运输规则的执行情况。现场检查可以在道路上进行，也可以在运输公司进行；检查内容包括文件、包装、运载工具等。对于检查不符合规则要求的，当局可禁止危险货物托运或中止运输过程，直到整改完成。对于严重的违规事件，各国当局之间保持着信息交换和协作。

四是加强与其他国家的交流，提高欧盟法规在其他国家的认可度。在危险货物运输法规方面，欧盟的法规系统已经适应于联合国系统，即使存在不同点，由于世界上大多数国家的国际法规以联合国危险货物运输规则为依据，为欧盟与各国的协调打下了良好的基础。目前，ADR 等欧盟主导的危险货物运输规则已经得到了许多国家的认同，使得欧盟在进出口贸易等涉及危险货物运输的国际事务上占据了主动。

3 ADR 的基本情况和规则特点

1）ADR 的基本情况

1957 年，针对公路危险货物运输，联合国欧洲经济委员会制定 ADR，保证公路危险货物运输的安全性。ADR 中包括了所有危险货物运输的操作说明及规定（附件 2-1），不仅适用于危险货物，还适用于危险废物的公路运输，目前已被德国、美国、俄罗斯、加拿大、法国等 43 个国家接受和采用。ADR 作为一种重要的国际交流便利化文件，规定了只要危险货物（极其危险的货物除外）的包装、标签、车辆结构、设备和运行都与协定中规定的一致，该类危险货物则可以在缔约方领土范围内进行国际危险货物运输，使得危险货物在各国之间的公路运输有了共同的运输标准，有助于推进市场一体化。但由于 ADR 只是各国间的协定，没有总体权威性，在实践操作中，需各缔约国判定相关法规的配合。

2）ADR 中对危险货物运输相关责任人职责的要求

ADR 对相关责任人进行了细分，除了托运人和承运人外，对收货人、装货人和充装人员也做出了详细的要求。托运人必须向承运人提供充分信息，以便承运人做出正确的防护措施，对托运的危险货物进行适当包装并提供书面说明文件；承运人则准备运载工具上应用的相关文件和设备，如危险货物标志，且要保证运送和装载的可操作性，不超载；收货人在卸货后要对运载工具和容器进行清洗净化并去除危险货物标志；装货人则在有认可资质的条件下将货物交付承运人，在装货前核实包件的质量，运输工作完成后，确认危险货物标志被去除；包装人必须遵循 ADR 所规定的包装和标识要求；充装人在充装危险货物之前，要核实罐体和相关设备的状态，保证罐体没有超过使用维护期限，核实罐体是否适用于进行运输工作。

3）ADR 的主要内容

ADR 分为 2 卷 9 部分内容（附件 2-2），具有很强的实际操作性。第一卷（附录 A）与《国际铁路运输危险货物规则》、联合国《规章范本》类似，对危险货物运输的分类、品名表、包装、运输作业等做了一系列要求；第二卷（附件 B）则较有特色，是有关运输设备和运输作业的规定，对运输危险货物的车辆、驾驶员都作了详细要求。

附件 2-1　甲醇为例在 ADR 中的应用

附件 2-2　ADR 目录

附件 2-1

甲醇为例在 ADR 中的应用

品名：甲醇

编号：UN no. 1230

英文名称为：METHANOL

分类：Class 3 类型 3 为易燃液体

类型辨识代码：Classification code FT1 可燃液体，有毒

包装组：Packing group II 具有中等危险物质的包装组

标签：Labels 3+6.1，如附图 2-1 和附图 2-2 所示。

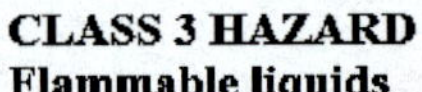

(No. 3)
Symbol (flame): black or white;
Background: red; Figure '3' in bottom corner

附图 2-1　标签 1

CLASS 6.1 HAZARD
Toxic substances

(No. 6.1)
Symbol (skull and crossbones): black;
Background: white; Figure '6' in bottom corner

附图 2-2　标签 2

特别规定：Special Provisions 279 这种物质被分配到这个类别和包装是基于人类的经验，而不是严格按照 ADR 的分类标准。

限制数量：Limited and expected quantities E1 每个内包装最大的净含量为 30，固体的单位为 g（克），液体和气体单位为 ml（毫升）。每个外包装最大净含量 1000，固体的单位为 g（克），液体和气体的单位为 ml（毫升），混合包装为气体与液体 ml 和固体单位 g 的总和。

包装规定：如附表 2-1 和附表 2-2 P001 Ⅱ类包裹所示。

甲醇便携式罐体规范　　附表 2-1

便携式罐体规定	最小测试压力（bar）	最小壳厚度（mm）	压力解除要求	底部开口要求
T7	4	附件 2-2 中 6.7.2.4.2	正常	附件 2-2 中 6.7.2.6.3

注：T7为运输甲醇的便携式罐体和散装货箱的规范。

混合包装规定：每个内包装数量不超过 5L，当一类货物与另一类货物混合包装时，只要它们不相互反应，可不受 ADR 的要求限制。

包装中的特别规定：在某些确定的物质上需应用便携式罐体特殊规定，其目的是代替或者增加便携式罐体规范或在附件 2-2 6.7 章节提出的要求。便携式罐体的特殊规定是由字母和数字代码进行标识的，开头字母“TP”（罐体规定）

包装说明（液体）　　附表 2-2

P001	包装说明（液体）			P001
下列包裹满足附件 2-2 中 4.1.1 及附件 2-2 中 4.1.3 的一般规定				
组合包裹		最大容量 / 净质量（见 4.1.3.3）		
内包装	外包装	Ⅰ类包裹	Ⅱ类包裹	Ⅲ类包裹
	鼓状容器			
玻璃 10L	钢制品（1A1,1A2）	250kg	400kg	400kg
塑料 30L	铝制品（1B1,1B2）	250kg	400kg	400kg
金属 40L	其他金属（1N1,1N2）	250kg	400kg	400kg
	塑料（1H1,1H2）	250kg	400kg	400kg

续上表

	胶合板（1D）	150kg	400kg	400kg
	纤维（1G）	75kg	400kg	400kg
	箱子			
	钢制品（4A）	250kg	400kg	400kg
	铝制品（4B）	250kg	400kg	400kg
	其他金属（4N）	250kg	400kg	400kg
	原木（4C1,4C2）	150kg	400kg	400kg
	胶合板（4D）	150kg	400kg	400kg
	再生木（4F）	75kg	400kg	400kg
	纤维板（4G）	75kg	400kg	400kg
	泡沫塑料（4H1）	60kg	60kg	60kg
	固体塑料（4H2）	150kg	400kg	400kg
	塑料罐			
	钢制品（3A1,3A2）	120kg	120kg	120kg
	铝制品（3B1,3B2）	120kg	120kg	120kg
	塑料（3H1,3H2）	120kg	120kg	120kg
单独包裹				
鼓状容器				
钢制品，不可拆卸盖（1A1）		250L	450L	450L
钢制品，可拆卸盖（1A2）		250L*	450L	450L
铝制品，不可拆卸盖（1B1）		250L	450L	450L
铝制品，可拆卸盖（1B2）		250L*	450L	450L
钢铝除外的其他金属制品，不可拆卸盖（1N1）		250L	450L	450L
钢铝除外的其他金属制品，可拆卸盖（1N2）		250L*	450L	450L
塑料制品，不可拆卸盖（1H1）		250L	450L	450L
塑料制品，可拆卸盖（1H2）		250L*	450L	450L
塑料罐				

续上表

钢制品，不可拆卸盖（3A1）	60L	60L	60L
钢制品，可拆卸盖（3A2）	60L*	60L	60L
铝制品，不可拆卸盖（3B1）	60L	60L	60L
铝制品，可拆卸盖（3B2）	60L*	60L	60L
塑料制品，不可拆卸盖（3H1）	60L	60L	60L
塑料制品，可拆卸盖（3H2）	60L*	60L	60L

*只有黏度大于2680mm^2/s的物质符合要求。

附件 2–2 中 6.7.2.4.2 对于最小壳厚度的规定：对于圆筒形的部分，顶端部分和壳盖应采用直径不大于 1.80m，厚度不小于 5mm 的金属或钢。壳的直径超过 1.80m 时，应采用不小于 6mm 厚的钢或等效厚度的金属，除了粉末的包装或物质 II 或 III 的固体颗粒的包装的最小厚度要求被减少到不小于 5mm 厚的钢或等效厚度金属。

附件 2–2 中 6.7.2.6.3 对于底部开口要求的规定：每一个底部排出口，应当配备 3 个串联安装和并相互独立的开关设备。设备的设计应满足的主管机关或其授权的机构的要求，包括：

（1）对于一个自闭的内部节流阀，节流阀安装在壳内部或在焊接凸缘或其配对凸缘上。

①控制设备的操作阀可以防止任何意外打开或其他无意的开通行为。

②阀可能在高处或低处进行操作。

③如果可能的话，阀的设置（打开或关闭）应当能够在地面上进行验证。

④除了便携式容器，单个容量不超过 1000L 时，应当可以从远离阀本身一个可操作的位置上进行关闭阀门。

⑤控制外部设备的操作阀受到损坏时，阀门还应当继续有效。

（2）外部节流阀安装应合理可行，并且接近壳体。

（3）在放电管末端应用凸缘螺栓或螺母紧密关闭液体。

附件 2-2

ADR 目录

1.4.2　主要参与者的义务

1.4.3　其他参与者的义务

第 1.5 章　减损

1.5.1　临时减损

1.5.2　（保留项）

第 1.6 章　过渡性措施

1.6.1　概述

1.6.2　第 2 类物质的储存

1.6.3　罐车、可拆卸罐车、蓄电池驱动车辆汽车

1.6.4　罐式集装箱、便携式罐体和多元气体容器

1.6.5　车辆

1.6.7　第 7 类

第 1.7 章　关于放射性物质的一般规定

1.7.1　范围和应用

1.7.2　辐射防护方案

1.7.3　管理系统

1.7.4　特殊安排

1.7.5　放射性材料具有的其他危险属性

1.7.6　违反行为处理

第 1.8 章　为确保遵守安全要求的检查和其他支撑措施

1.8.1　危险货物管理控制

1.8.2　共同管理支持

1.8.3　安全顾问

1.8.4　主管当局和机构指定名单

1.8.5　涉及危险货物事故的通报

第 1.9 章　主管当局对运输的限制

1.9.5　隧道限制

第 1.10 章　安全规定

1.10.1　一般规定

1.10.2　安全培训

1.10.3　造成严重后果的危险货物规定

第二部分　分类

第 2.1 章　一般规定

2.1.1　导言

2.1.2　分类原则

2.1.3　物质分类，包括溶液和混合物（比如制剂和废物），没有按照名称分类

2.1.4　样本的分类

第 2.2 章　具体分类规定

2.2.1　第 1 类爆炸物质和物品

2.2.2　第 2 类气体

2.2.3　第 3 类易燃液体

2.2.4.1　4.1 项易燃固体、自反应物质和固态退敏爆炸品

2.2.4.2　4.2 项易于自燃的物质

2.2.4.3　4.3 项遇水放出易燃气体的物质

2.2.5.1　5.1 项氧化性物质

2.2.5.2　5.2 项有机过氧化物

2.2.6.1　6.1 项毒性物质

2.2.6.2　6.2 项感染性物质

2.2.7　第 7 类放射性材料

2.2.8　第 8 类腐蚀性物质

2.2.9　第 9 类混杂危险物质和物品

第 2.3 章　测试方法

2.3.0　概述

2.3.1　A 型爆破炸药的渗出试验

2.3.2　4.1 项有关硝基纤维素混合物的试验

2.3.3　第 3 类、6.1 类、8 类易燃液危险货物试验

2.3.4　流动性测定的试验

2.3.5　4.2 和 4.3 项中的有机金属分类

第三部分　危险货物一览表，特殊规定和有关危险货物包装数量限制的豁免

第 3.1 章　一般规定

3.1.1　导言

3.1.2　正确的运输名称

3.1.3　溶液或混合物

第 3.2 章　危险货物一览表

3.2.1　表 A　危险货物一览表

3.2.2　表 B　ADR 所列物质或物品字母索引

第 3.3 章　适用于某些物品或物质的特殊规定

第 3.4 章　有关危险货物包装数量限制

第 3.5 章　有关危险货物包装数量限制的豁免

第二卷

第二卷内容的表格

附件 A　一般规定和有关危险物质或物品的规定

第四部分　包装规定和罐体规定

第 4.1 章　容器的使用、包装中型散货集装箱（中型散货箱）以及大型容器

4.1.1　装载危险货物使用容器包括中型散货箱和大型容器的一般规定

4.1.2　使用中型散货箱的一般附加规定

4.1.3　有关包装规范的一般规定

4.1.4　包装规范一览表

4.1.5　第1类货物的特殊包装规定

4.1.6　第2类货物以及其他类别被分配到包装规范P200货物的特殊包装规定

4.1.7　有机过氧化物（5.2项）、4.1项自反应物质的特殊包装规定

4.1.8　感染性物质（6.2项）特殊包装规定

4.1.9　放射性物质的特殊包装规定

4.1.10　混合包装的特殊规定

第4.2章　使用便携式罐体和多元气体容器

4.2.1　使用便携式罐体运输第1类物质和第3类至第9类物质的一般规定

4.2.2　使用在压力下便携式罐体运输非冷冻液化气体和化学品的一般规定

4.2.3　使用便携式罐体运输冷冻液化气体的一般规定

4.2.4　使用多元气体容器的一般规定

4.2.5　便携式罐体规范和特殊规定

第4.3章　固定罐车、可卸罐车、普通罐式集装箱、金属材质的可换罐车车厢、蓄电池驱动车辆和多元素气体容器（多元气体容器）

4.3.1　范围

4.3.2　适用于所有类别的规定

4.3.3　适用于第2类物质的特殊规定

4.3.4　适用于第3类至第9类物质的特殊规定

4.3.5　特殊规定

第4.4章　使用纤维增强塑料（玻璃钢）罐车、固定罐车、可卸罐车、普通

罐式集装箱和罐车车厢

4.4.1　概述

4.4.2　操作

第 4.5 章　利用真空操作废物罐车

4.5.1　使用

4.5.2　操作

第 4.6 章（保留项）

第五部分　托运程序

第 5.1 章　一般规定

5.1.1（保留项）

5.1.2　使用外包装

5.1.3　空未清洗容器（包括中型散装货箱和大型容器）、罐体、车辆和散装运输集装箱

5.1.4　混合包装

5.1.5　第 7 类物质的一般规定

第 5.2 章　标记和标签

5.2.1　标记

5.2.2　标签

第 5.3 章　集装箱、多元气体容器、罐式集装箱、便携式罐体和车辆的揭示牌和标记

5.3.1　粘贴标识

5.3.2　橙黄色的标志牌

5.3.3　高温物质的标志牌

第 5.4 章　文件

5.4.1　危险货物运输票据及有关资料

5.4.2　集装箱装箱证明书

5.4.3　书面指示

5.4.4　一种多式联运危险货物形式例子

第 5.5 章　特殊规定

5.5.1　（删除）

5.5.2　熏蒸车辆、集装箱、罐车的特殊规定

第六部分　容器、中型散货集装箱、大型容器、散装货箱的制造和试验要求

第 6.1 章　容器的制造和试验要求

6.1.1　概述

6.1.2　表示容器类型的编码

6.1.3　标记

6.1.4　容器的要求

6.1.5　容器的试验要求

6.1.6　分别按照 6.1.5.2.6 和 6.5.6.3.5，用标准流体对包括中型散装容器在内的聚乙烯包装容器进行化学兼容性测试

第 6.2 章　压力容器、喷雾器、小型气体储存器（蓄气筒）的制造和试验要求

6.2.1　一般要求

6.2.2　压力容器的设计、制造、试验标准

6.2.3　对非标准设计及制造的压力容器要求

6.2.4　对喷雾器和小型气体储存器的一般要求

6.2.5　对联合国压力储存器的要求

第 6.3 章　对 6.2 项物质使用容器的制造和试验要求

6.3.1　概述

6.3.2　容器试验要求

6.3.3　试验报告

第 6.4 章　对第 7 类物质的包件制造、试验和批准要求

6.4.1 （保留项）

6.4.2　一般要求

6.4.3 （保留项）

6.4.4　对例外包件的要求

6.4.5　对工业包件的要求

6.4.6　对盛放六氟化铀的包件的要求

6.4.7　对 A 型包件的要求

6.4.8　对 B（U）型包件的要求

6.4.9　对 B（M）型包件的要求

6.4.10　对 C 型包件的要求

6.4.11　对盛放裂变材料的包件的要求

6.4.12　试验程序和遵章证明

6.4.13　容器系统和屏蔽的完好性试验及临界安全的评估

6.4.14　跌落试验目标对象

6.4.15　验证承受正常运输条件能力的试验

6.4.16　用于装液体和气体的 A 类包装的附加试验

6.4.17　验证承受事故运输条件的能力的试验

6.4.18　B（U）型包件和 B（M）型包件以及 C 型包件的加强型浸水试验

6.4.19　装有易裂变材料的包件的防水试验

6.4.20　C 型包件的试验

6.4.21　设计盛装 0.1kg 或超过 0.1kg 六氟化铀的容器的试验

6.4.22　包装设计和材料的批准

6.4.23　放射性物品运输的申请和批准

第 6.5 章　中型散货集装箱的制造和设计要求

6.5.1　一般要求

6.5.2　标记

6.5.3　制造要求

6.5.4　试验、合格证书和检查

6.5.5　中型散货箱的具体要求

6.5.6　中型散货箱的试验要求

第 6.6 章　大型容器的制造和设计要求

6.6.1　概述

6.6.2　表示大型容器类型的编码

6.6.3　标记

6.6.4　大型容器的具体要求

6.6.5　大型容器的试验要求

第 6.7 章　便携式罐体和多元气体容器的设计、制造、检查和试验要求

6.7.1　适用和一般要求

6.7.2　拟装运第 1 类和第 3 类至第 9 类物质的便携式罐体的设计、制造、检查和试验要求

6.7.3　拟装运非冷冻液化气体的便携式罐体的设计、制造、检查和试验要求

6.7.4　拟装运冷冻液化气体的便携式罐体的设计、制造、检查和试验要求

6.7.5　拟装运非冷冻液化气体的多元气体容器制造、检查和试验要求

第 6.8 章　关于罐车、可卸罐车、普通罐式集装箱、金属材质的可换罐车车厢、蓄电池驱动车辆和多元气体容器的制造、装备、车型鉴定、检测和试验、标记的要求

6.8.1　范围

6.8.2　适用于所有类别的要求

6.8.3 对第2类物质的特殊要求

6.8.4 特殊规定

6.8.5 固定式焊接罐车、可卸式焊接罐车、经检验压力不低于1MPa的普通焊接罐式集装箱箱体的材质、制造要求，以及打算运输冷冻2类液化气体的固定式焊接罐车、可卸式焊接罐车和普通焊接罐式集装箱的材质、制造要求

第6.9章 增强纤维塑料固定罐车、可卸式罐车、普通罐式集装箱和罐式车辆厢体的设计、制造、设备、车型鉴定、试验以及标记等要求

6.9.1 概述

6.9.2 制造

6.9.3 设备项目

6.9.4 试验和批准形式

6.9.5 检查

6.9.6 标记

第6.10章 真空操作废物罐车的制造、装备、车型鉴定、检查和标记要求

6.10.1 概述

6.10.2 制造

6.10.3 配备装备

6.10.4 检查

第6.11章 对散装容器的设计、制造、检查和试验要求

6.11.1 定义

6.11.2 适用和一般要求

6.11.3 做散装货箱适用的货物集装箱的设计、制造、检查和试验要求

6.11.4 货物集装箱以外的散装货箱的设计、制造、检查和试验要求

第七部分 油罐运输条件、装卸、操作的规定

第 7.1 章　一般规定

第 7.2 章　有关运输包装规定

第 7.3 章　有关散装运输的规定

7.3.1　一般规定

7.3.2　已经满足于 7.3.1.1（a）的散装运输的附加规定

7.3.3　已经满足于 7.3.1.1（b）的散装运输的附加规定

第 7.4 章　有关罐车运输的规定

第 7.5 章　有关装载、卸载、操作的规定

7.5.1　有关装载、卸载、操作的一般规定

7.5.2　禁止混装

7.5.3　（保留项）

7.5.4　关于食品、其他消费品、动物饲料的预防措施

7.5.5　运输数量限制

7.5.6　（保留项）

7.5.7　操作和存放

7.5.8　卸载后清洗

7.5.9　禁止吸烟

7.5.10　防范静电

7.5.11　适用于某些类别或特定物质的额外规定

附件 B　有关运输设备和运输作业规定

第八部分　车辆人员、设备、操作及文件要求

第 8.1 章　有关配备运输装置的一般规定

8.1.1　运输装置

8.1.2　运输车辆需提供的文件

8.1.3　粘贴标识和标志牌

8.1.4　消防设备

8.1.5　杂项设备

第 8.2 章　有关车辆人员培训的要求

8.2.1　有关驾驶人员培训的一般要求

8.2.2　有关驾驶人员培训的特殊要求

8.2.3　参与道路危险货物运输，持有符合 8.2.1 的有关证件，除驾驶人员以外的人员的培训

第 8.3 章　车辆人员需遵守的杂项要求

8.3.1　乘客

8.3.2　消防装置的使用

8.3.3　禁止打开包件

8.3.4　便携式照明器具

8.3.5　禁止吸烟

8.3.6　装载或卸载期间车辆发动机运行

8.3.7　使用驻车制动

第 8.4 章　有关车辆监控要求

第 8.5 章　有关特定类别或物质的额外要求

第 8.6 章　公路隧道对于危险货物运输车辆的限制

8.6.1　一般规定

8.6.2　公路标志或信号对运输危险货物车辆的限制

8.6.3　隧道限制准则

8.6.4　公路隧道对于运输危险货物运输车辆的限制

第九部分　有关车辆制造和批准的规定

第 9.1 章　车辆批准的范围、定义及要求

9.1.1　范围和定义

9.1.2　EX/II，EX/III，FL，OX 以及 AT 车辆的批准

9.1.3　批准证书

第 9.2 章　有关制造车辆的要求

9.2.1　本章遵循的要求

9.2.2　电气设备

9.2.3　制动装备

9.2.4　火灾风险的预防

9.2.5　车速限制装置

9.2.6　耦合装置的拖车

第 9.3 章　有关拟运输第 1 类爆炸物质或物品的成品或半成品的 EX/II 或 EX/III 车辆在完成或完成前的要求附件

9.3.1　制造车辆主体所用的材料

9.3.2　燃烧炉

9.3.3　EX/II 车辆

9.3.4　EX/III 车辆

9.3.5　发动机关于货物装载舱的安装要求

9.3.6　外部热源关于货物装载舱的安装要求

9.3.7　电气设备

第 9.4 章　对拟运输危险货物的车辆（EX/II 和 EX/III 除外），关于其成品或半成品车体制造的附加要求

第 9.5 章　有关拟运输散装固态危险货物的车辆成品或半成品的额外规定

第 9.6 章　有关拟运输温度受控物质的车辆成品或半成品的额外规定

第 9.7 章　用于运输装运危险货物的容量大于 $1m^3$ 的可卸罐车、罐式集装箱、便携式集装箱或者容量大于 $3m^3$ 的多元气体容器的固定罐车、蓄电池驱动车辆以及成品或半成品车辆的附加要求

9.7.1 一般规定

9.7.2 有关罐车的规定

9.7.3 紧固

9.7.4 FL 车辆的接地

9.7.5 罐车的稳定

9.7.6 车辆的防护

9.7.7 燃烧加热器

9.7.8 电气设备

二、北美地区危险货物运输应急救援指南（2012 版）简介

美国运输部（DOT）、加拿大运输部（TC）、墨西哥运输及通信部（SCT）共同制定了《应急救援指南（2012 版）》（The 2012 Emergency Response Guidebook），简称《ERG 2012》。《ERG 2012》将危险货物根据其危险性分为爆炸品、气体、易燃液体、易燃固体、氧化性物质和有机过氧化物、毒性物质和感染性物质、放射性物质、腐蚀性物质以及杂项危险物质和物品等 9 大类。通过对 9 大类所属的所有危险货物发生事故后存在的潜在危险和公共安全影响进行分析，建立对应的应急救援措施，制定应急救援卡，确立应急救援初始隔离和防护距离。《ERG 2012》为快速确认事故中危险货物的特殊危害和一般危害，在事故初始救援阶段采取自我保护和公众保护应急措施时提供基本指导，有助于救援人员快速、合理、高效的开展应急救援工作。该指南可供最先到达危险货物运输事故现场的消防队员、警察和其他救援人员使用。

《ERG 2012》主要包括使用说明、索引表、应急指南卡、初始隔离和防护距离以及遇水反应产生有毒气体的物质等 5 部分内容：

1 使用说明

该部分主要对危险货物运输事故发生后安全预防措施和求助方式等进行了说明，指导用户在危险货物运输事故发生后或危险货物的编号或名称未知时，如何使用本指南。

2 索引表

危险货物运输事故发生后，救援人员可通过车辆标志牌、货运单或者包装上获取危险货物 UN 号或者货物名称，通过该索引表可快速获取该危险货物所对应的应急救援指南条目。

3 应急指南卡

应急指南卡为该指南的中心内容，提供了所有的危险货物运输事故的应急安全措施，目前总共有 62 个（指南 111 ~ 指南 172，部分指南卡附后）。每个指南卡是针对相似化学性质和毒理特性的一类危险货物所编写，提供了保护自身和公共安全的建议及应急措施信息。指南卡由 3 部分内容组成：第一部分依据接触该危险货物可能产生的火灾、爆炸和健康效应，描述了“潜在危险”，危害性最大的列在首位；第二部分依据现场列出了环境应采取的保障“公共安全”的措施，提供了事故现场紧急隔离、推荐的防护服和呼吸防护器的有关信息，列出了小泄漏、大泄漏及火灾现场等 3 种情况下的建议隔离距离;第三部分列出各种“应急措施”，包括急救措施。针对危险货物发生火灾、泄漏等不同事故情况时所应采取的应急措施及其决策提出了建议。在医疗救护方面的建议只是急救的通用指导意见。

4 初始隔离和防护距离

按照危险货物 UN 号列出了吸入性有毒物质（包括与水反应产生有毒气体的

物质),并提供了两种不同的推荐安全距离,及初始隔离距离和防护距离(附图 2–3 及附表 2–3)。两种安全距离分别考虑了危险货物的小泄漏(液体不超过 200L,固体不超过 300kg)和大泄漏(液体超过 200L,固体超过 300kg)。此外,由于环境条件不同会显著影响危害区域的大小,因此,防护距离还分别考虑了白天和黑夜两种情况。对于非吸入性有毒物质,其初始隔离距离会在指南卡的“公共安全”中提到,不用查阅该部分内容。在指南卡中也会提醒用户,对于非吸入性有毒物质,在下风向可以根据需要加大隔离距离。

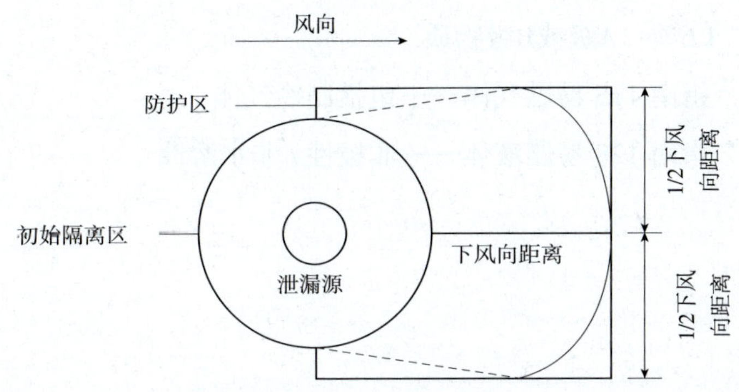

附图 2–3 防护区示意图

氯的初始隔离和防护距离示例 附表 2–3

UN 号	中文名称	英文名称	小泄漏			大泄漏		
			初始隔离距离(m)	防护距离(km)		初始隔离距离(m)	防护距离(km)	
				白天	夜晚		白天	夜晚
1017	氯	Chlorine	60	0.4	1.6	600	3.5	8.0

注意:白天是指日出后至日落前的任何时间;夜晚是指在日落至日出之间的任何时间。

初始隔离区域是指发生事故后,在事故发生地上风向人员可能接触毒物(毒性气体)和下风向人员生命受到威胁的区域。

防护区域是指在事故发生地下风向,人员因丧失能力而不能采取保护行为,可能引起严重或不可逆的健康危害的区域。

本指南中的初始隔离和防护距离来源于交通事故的历史数据以及数学模型的计算。如果发生最糟糕的情况，整个包装危险货物瞬时泄漏，则初始隔离和防护距离将显著增大。在这种情况下，将初始隔离和防护距离增大1倍是比较合适的。

5 遇水反应产生有毒气体的物质

按照危险货物UN号列出了遇水反应产生有毒气体的物质及其泄漏到水中产生的气体。

附件2-3 甲醇为例在ADR中的应用指南112爆炸品—1.1、1.2、1.3、1.5和1.6项：A级或B级物质

附件2-4 指南115易燃气体——包括制冷气体

附件2-5 指南128易燃液体——非极性/非水溶性

附件 2-3

甲醇为例在 ADR 中的应用指南 112 爆炸品—1.1、1.2、1.3、1.5 和 1.6 项：A 级或 B 级物质

（1.1，1.2，1.3，1.5，1.6 类爆炸物、硝酸铵—燃料油混合物、爆破剂，未列明的等）

1 潜在危害

1）火灾或爆炸

遇火可能发生爆炸，并且爆炸物碎片可以飞溅到离爆炸点 1600m 或更远的地方。

2）健康

燃烧时可以产生刺激性、腐蚀性和（或）有毒气体。

2 公共安全

首先拨打货运单上的紧急救援电话，如果无法获得货运单或电话无人接听，可以拨打附录中有关应急机构的救援电话；泄漏区四周至少立即隔离 500m；将人员撤至安全区，并远离窗户；撤离无关人员；停留在上风向；进入封闭区域前应当先通风。

1）防护

佩戴自供正压式呼吸器（SCBA）；一般消防防护服只能提供有限的防护作用。

2）现场疏散

大泄漏：首次可向现场四周至少撤离 800m。

火灾：如果在火灾区有怀疑装有炸弹或导弹等军火的有轨车或拖车，应向四周撤离 1600m，最初撤离人员（包括应急救援人员）也要求向四周撤离 1600m；如果没有大量的爆炸物质，向现场四周至少撤离 800m。

3 应急措施

1）火灾

货物着火：当大火燃烧到货物时，不要灭火！因为货物可能发生爆炸；停止所有的交通工具，清理方圆 1600m 范围内的火灾现场，让其自行燃尽；如果货车已经变热，请不要移动货物或车辆。

运载车辆着火：用大量水灭火，如果没有水，用二氧化碳、干式化学灭火剂或沙土；在没有危险的情况下，灭火时可用无人操纵的灭火喷头或可监视喷头，并与火源保持尽可能大的距离，防止火蔓延至货物区域；应特别注意燃烧的车辆，因为极容易复燃，旁边要随时准备好灭火器。

2）泄漏

消除所有的火源（在泄漏区附近，严禁吸烟、闪光、火花或其他任何形式明火）；处理产品时所用的一切设备必须接地；不要接触或穿越泄漏物；不要在泄漏区 100m 的范围内使用电雷管的无线电发射机；除非在有关专家的指导下，否则不要处理或清理现场。

3）急救

将患者移到新鲜空气处；呼叫 120 或者其他急救中心；如果患者停止呼吸，应进行人工呼吸；如果出现呼吸困难要及时吸氧；脱去并隔离被污染的衣服和鞋子；若皮肤或眼睛不慎接触到该类物质，要立即用自来水冲洗至少 20min；确保医护人员知道事故中涉及的有关物质，并注意采取自我防护措施。

附件 2-4

指南 115 易燃气体——包括制冷气体

（液化石油气、压缩甲烷或甲烷含量高的压缩天然气、冷冻液态甲烷或甲烷含量高的冷冻液态天然气、丁烯、二甲醚、环丙烷、环丁烷、冷冻液态氢、冷冻液态乙烯、压缩氢、乙烷、异丁烯）

1 潜在危害

1）火灾或爆炸

极易燃烧；加热、火花或明火容易点燃该类物质；与空气可形成爆炸性混合物；液化气产生的蒸气的密度一般比空气的密度大，该蒸气可沿地面扩散；蒸气扩散遇到火源可引起复燃；燃烧中的钢瓶可能通过泄压装置释放该气体；装有这种易燃气体的容器加热时可引起爆炸；破裂的气瓶可能会向前冲。

注意：氢（UN1049）、氘（UN1957）、氢—液体制冷剂（UN1966）和甲烷（UN1971）比空气轻，会漂浮上升。因为燃烧时火焰无色，所以氢和氘的火灾很难察觉。使用装置探测（热感仪、扫帚头等）。

2）健康

蒸气可以引起突发性头晕或窒息；吸入某些高浓度该类物质的蒸气可以引起刺激反应；接触该类气体或液化气可以引起烧伤、严重伤害和（或）冻伤；燃烧后可以产生刺激性和（或）有毒气体。

2 公共安全

首先拨打货运单上的紧急救援电话，如果无法获得货运单或电话无人接听，可以拨打附录中有关应急机构的救援电话；立即将泄漏区周围至少隔离 100m；撤离无关人员；停留在上风向；许多气体的密度比空气的密度大，可沿地面扩散，集聚在地势低洼或封闭的地区（如下水道、地下室、储罐槽等）；不要进入地势低洼的地区。

1）防护

佩戴自供正压式呼吸器（SCBA）；一般消防防护服只能提供有限的防护作用；当处理制冷液体时一定要穿保温防护服。

2）现场疏散

大泄漏：首先考虑从下风向侧至少撤离 800m。

火灾：如果储罐、有轨车或罐车着火，可向四周隔离 1600m；也可考虑立即向四周撤离 1600m。

3 应急措施

1）火灾

除非泄漏能够停止，否则不要对正在燃烧的泄漏气进行灭火。注意：氢（UN1049）、氘（UN1957）、氢—液体制冷剂（UN1966）以及氢和甲烷混合气（UN2034）在燃烧时火焰无色。

小火：用干式化学灭火器或二氧化碳灭火。

大火：喷水或喷水雾；在确保安全的前提下，盛有可燃气的容器运离火灾现场。

储罐着火：灭火时要与火源保持尽可能大的距离或用遥控水枪或水泡；使用大量水冷却盛有危险品的容器，直到火完全熄灭；不要用水直接冲击泄漏物或安全装置，因为这样可导致结冰；如果容器的安全阀发出声响或容器变色，应迅速撤离；切记远离被大火吞没的槽罐；对于燃烧剧烈的大火，用遥控水枪或水炮；否则撤离火灾现场，让其自行燃尽。

2）泄漏

消除所有的火源（在泄漏区附近，严禁吸烟、闪光、火花或其他任何形式明火）；所有救援所用的设备必须接地；不要接触或穿越泄漏物；在确保安全的前提下，阻止进一步的泄漏；如果有可能，打开泄漏容器的阀门让其气体溢出，而避免液体直接排出；用喷雾水减少蒸气或改变蒸气云的流向，防止用水直接冲击泄漏物；不要用水直接喷向泄漏部位；防止蒸气逸入排水沟、下水道、通风系统、地下室或其他封闭区域；隔离泄漏区域，直到泄漏气体散尽。注意：很多物体与制冷液体接触后会不知不觉地被损坏和变得易碎。

3）急救

将患者移到新鲜空气处；呼叫120或者其他急救医疗服务中心；如果患者停止呼吸，应进行人工呼吸；如果出现呼吸困难要进行吸氧；脱去并隔离被污染的衣服和鞋子；在脱掉冻结在皮肤上的衣服之前，应首先对其解冻；身体接触液化气的部分，应用温水融化冻结部分；若皮肤不慎烧伤，立即用冷水冷却被感染皮肤尽可能长的时间，不要立刻脱掉附着在皮肤上的衣服；保持患者温暖和安静；应让医护人员知道事故中涉及的有关物质，并采取自我防护措施。

附件 2-5

指南 128 易燃液体——非极性 / 非水溶性

（车用汽油或汽油、瓦斯油或柴油或轻质燃料油、石油原油、煤油、涂料、石油馏出物、松节油、辛烷、二甲基环己烷、环戊烷、己烷、三聚丙烯等）

1 潜在危害

1）火灾或爆炸

高度易燃：加热、火花或明火极易点燃该类物质；蒸气遇空气可形成爆炸性混合物；蒸气扩散遇火源复燃；绝大多数该类物质的蒸气密度都比空气的密度大，该类蒸气一般沿地面扩散，积聚在地势低洼或封闭区域（如下水道、地下室或罐内）；蒸气在室内、室外或下水道，都有爆炸的危险；那些印有“P”字样的物质，在加热或燃烧时可形成爆炸性聚合物；排泄到下水道的泄漏物有燃烧或爆炸的危险；加热盛有该类物质的容器，有爆炸的危险；该类物质中许多液体密度比水的密度小；该类物质可以导热；如果有熔融状态的铝，则参考指南 169。

2）健康

吸入或解除该类物质可刺激或灼伤皮肤和眼睛；燃烧时可以产生刺激性、腐蚀性和 / 或有毒气体；吸入蒸气可以引起突发性头晕或窒息；灭火用水或稀释用水的排放可导致污染。

2 公共安全

首先拨打货运单上的紧急救援电话，如果无法获得货运单或电话无人接听，可以拨打附录中有关应急机构的救援电话；立即从泄漏区四周至少隔离 50m；撤离无关人员；停留在上风向；不得进入地势低洼的区域；进入封闭的空间之前应进行通风。

1）防护

佩戴自供正压式呼吸器（SCBA）；一般消防防护服只能提供有限的防护作用。

2）现场疏散

大泄漏：首先从下风向撤离 300m。

火灾：如果储罐、有轨车或罐车着火，可向四周隔离 800m；也可考虑立即向四周撤离 800m。

3 应急措施

1）火灾

注意：所有这些物质的燃点都很低，喷水灭火不会有效。

注意：对于包含酒精和极性溶剂的混合溶液，抗极性泡沫灭火器会更有效。

小火：用干式化学灭火器、二氧化碳、水或通用泡沫灭火剂。

大火：水幕、水雾或通用泡沫灭火剂；使用水幕或水雾，不要用水流直接喷射灭火；在确保安全的前提下，把盛有该类物质的容器运离火灾现场。

储罐、货车或拖车着火：灭火时要与火源保持尽可能大的距离或用遥控水枪或水泡；使用大量流水冷却容器，直到火完全熄灭；如果容器的安全阀发出响声或容器变色，要迅速撤离救援人员；切记远离被大火吞没的容器；对于燃烧剧烈的大火，使用遥控水枪或水炮，如果没有该类设备撤离燃烧现场，让其自行燃尽。

2）泄漏

消除所有的火源（在泄漏区附近，严禁吸烟、点火、火花或其他任何形式明火）；所有用来处理该类物质的设备必须接地；不要接触或穿越泄漏物；在确保安全的前提下，阻止泄漏；防止其进入排水道、下水道、地下室或其他封闭区域；用泡沫覆盖可抑制蒸气的生成；泄漏物可以用泥土、沙子或其他不可燃烧物质吸收或覆盖，然后转移到容器里；用清洁、防爆的器具收集被吸收的泄漏物。

大泄漏：远离泄漏液体，在其前方筑围堤以备进一步处理；喷水可以降低蒸气的生成，但不能防止该类物质在封闭空间中燃烧。

3）急救

将患者移到新鲜空气处；呼叫 120 或者其他急救医疗服务机构；如果患者停止呼吸，应施行人工呼吸；如果出现呼吸困难，要进行吸氧；脱去并隔离被污染的衣服和鞋子；若皮肤或眼睛不慎接触到该类物质，要立即用自来水冲洗至少 20min；用肥皂水清洗被污染的皮肤；若不慎烧伤，立即用冷水冷却被感染皮肤尽可能长的时间，不要立即脱掉附着在皮肤上的衣服；保持患者温暖和安静；确保医护人员知道事故中涉及的有关物质，并采取自我防护措施。

参 考 文 献

[1] 公安部交通管理局. 道路交通管理法规汇编（2014年版）[M]. 北京：中国人民公安大学出版社，2014.

[2] 钱大琳等. 国内外危险货物运输安全管理 [M]. 北京：人民交通出版社，2011.

[3] 杨钧. 部分国家和地区机动车与驾驶人管理研究[M]. 北京:机械工业出版社，2008.

[4] 刘敬贤等. 水路危险品运输与管理[M]. 北京:人民交通出版社股份有限公司，2015.

[5] 交通运输部运输服务司. 危险货物道路运输行业管理工作指南 [M]. 北京：人民交通出版社股份有限公司，2015.

[6] 道路交通事故安全救援人员技能培训教材编委会. 道路交通事故安全救援人员技能培训 [M]. 北京：人民交通出版社，2012.

[7] 危险货物道路运输安全管理手册编写组. 危险货物道路运输安全管理手册（法规篇）（2014 版）[M]. 北京：人民交通出版社股份有限公司，2014.

[8] 严季，刘浩学. 危险货物道路运输从业人员培训教材 [M]. 北京：人民交通出版社股份有限公司，2014.

[9] 道路运输车辆救援操作指南编委会. 道路运输车辆救援操作指南 [M]. 北京：人民交通出版社，2011.

[10] 交通运输部职业资格中心. 道路危险货物运输从业人员从业资格培训教材 [M]. 北京：人民交通出版社股份有限公司，2014.

[11] Economic Commission for Europe Committee on Inland Transport.European Agreement Concerning the International Carriage of Dangerous Goods by Road (ADR,2013) [M] .New York and Geneva : UNITED NATIONS，2012.

[12] U. S. Department of Transportation, Transport Canada, Secretariat Transport & Communications. Emergency Response Guidebook 2012: A Guidebook for First Responders During the Initial Phase of a Dangerous Goods/Hazardous Materials Transportation Incident [M] . http://phmsa.dot.gov/pv_obj_cache/pv_obj_id_7410989F4294AE44A2EBF6A80ADB640BCA8E4200/filename/ERG2012.pdf